あなたは何で食べてますか？

偶然を
事にする
方法

有北雅彦

太郎次郎社エディタス

前説――はじめに

やあ、ようこそ。待ってたよ。どうぞ、空いてるところに座って。

まずは自己紹介からはじめようか。

ぼくの名前は有北雅彦。作家やライターとしてものを書いたり、イタリアの本や映画の翻訳をしたり、いろんな学校で進路指導の講師をしたりしながら、演劇活動にたずさわり、コメディーをつくりつづけて二十年になる。

宇宙船のなかでくり広げられるダメ宇宙飛行士たちの恋愛と結婚、煩悩が高まりすぎて妖怪になっちゃった人たちの奇妙な生活、命知らずの超人たちがしのぎを削る、デンジャラスなスポーツ大会……、そんなちょっとおかしな世界を描いている。脚本を書くだけじゃなくて、演出や出演もする。役者としては、思春期の悩みを抱える中学生男子から、金髪美女、バラの妖精まで、なんでも演じてきた。

そういう活動をするなかで、ぼくがテーマにしてきたのは、人が真剣に生きぬこうとするときに生まれる、笑いや涙やおかしみを描きだすことだった。

人生って、一筋縄じゃいかないもので、大海原か深い霧のなかを手探りで進んでるみたいだ。ゴールがどこにあるのかもわからない、いや、そもそもゴールなんてどこにもない。就職？　結婚？　そんなものはけっしてゴールじゃない。出会いと別れはつねにあるし、人との関係性や状況なん

て、毎日ころころ変わってく。
そんな明日をも知れない人生を、真剣にもがきながら生きてる人たちって、すごくおもしろいんだよね。生きることを単純に楽しんでるし、つらいことがあったら全力で落ちこむ。こわいものしらずに全力でつき進んでたとか思えば、それまでの自分をぜんぶ捨てちゃうような転機が訪れたりする。

いまからきみにお贈りするのは、ちょっと変わった、でも、めちゃくちゃ楽しい働き方をしてる十二人の「先輩」たちのスペクタクルだ。

あなたの職業は？　その仕事の魅力は？　どうやってその仕事についたの？　収入はいくらくらい？　なによりも、いま、幸せなの？　ぼくが矢継ぎ早に投げかけた質問に、先輩たちはみんな快く、驚くほど赤裸々に答えてくれた。

世の中にはほんとうにさまざまな仕事があって、食べていく方法がある。それはときには仕事っていうことばではくくれない、「生き方」としか表現できないものだったりする。きみがこれからどうやって食べていくかを考えるときに、先輩たちのホットでアグレッシブな（でもどこか肩の力の抜けた）生きざまは、きっといいヒントになるはずだ。

それじゃ、そろそろ時間だ。トイレは行った？　まだなら、いまのうちにすませておいて。さあ、まもなく幕が開くよ！

あなたは何で食べてますか？——偶然を仕事にする方法　目次

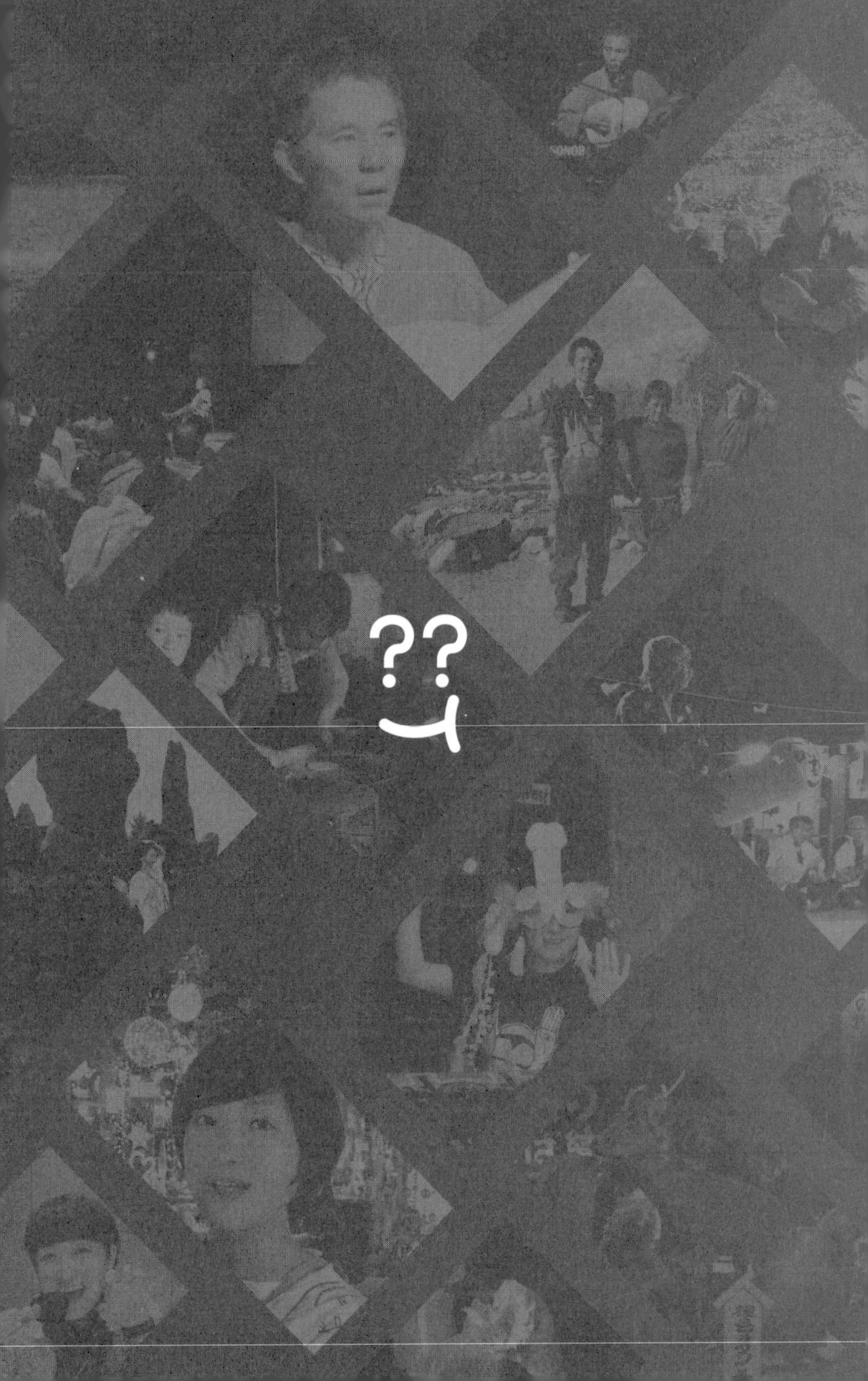

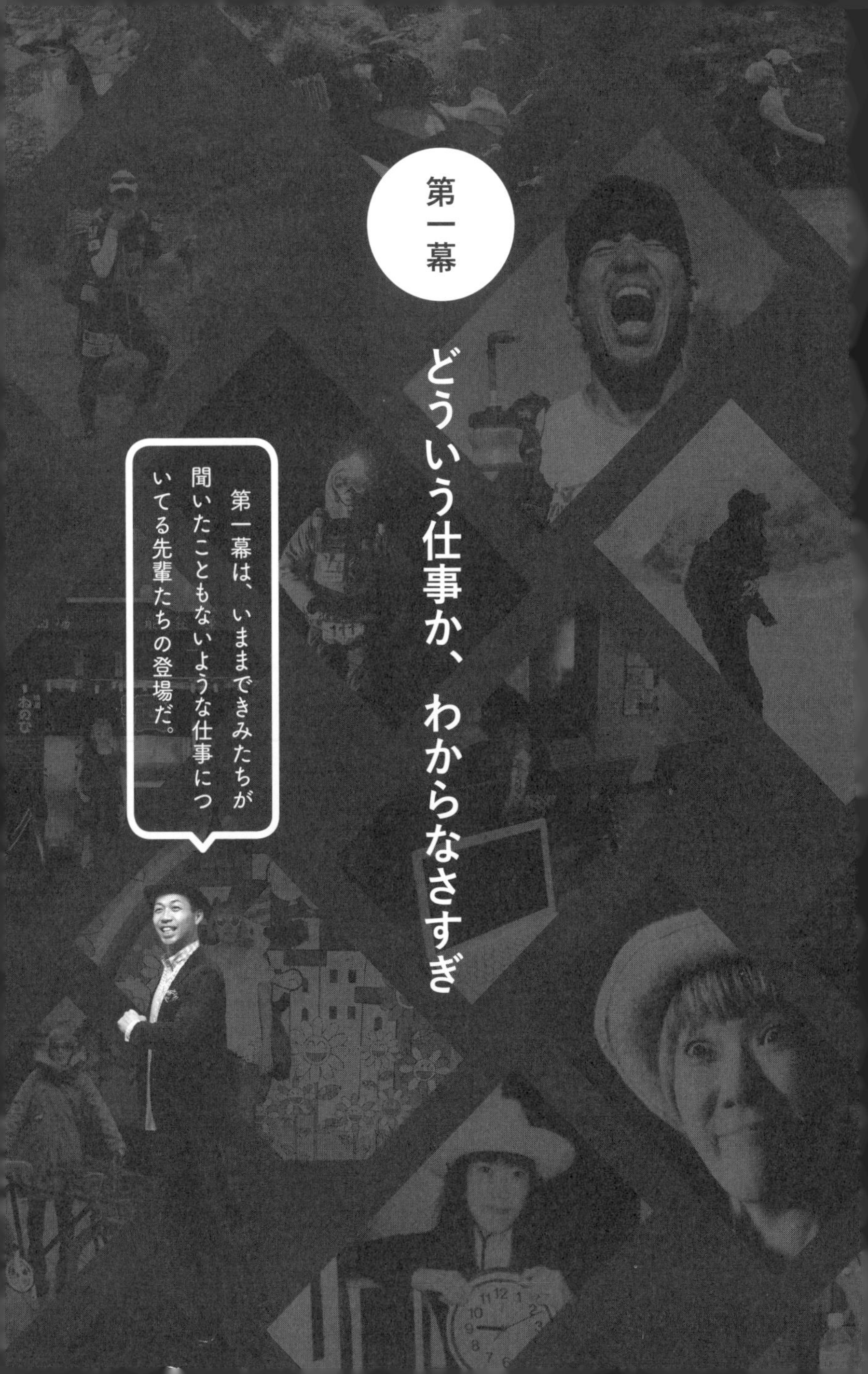

第一幕

どういう仕事か、わからなさすぎ

第一幕は、いままできみたちが聞いたこともないような仕事についてる先輩たちの登場だ。

[先輩] No. 1

物語屋 中川哲雄 [なかがわ・てつお]

「物語屋さんに会ってみませんか？」。知人の紹介で謎《なぞ》の職業の人物に会えることになったぼくは、大阪から東京の小金井に来ていた。わがフットワークの軽さもなかなかだ。小金井公園を抜けて農家みちを少し歩くと、古い平屋が見えた。入り口には「仕立てとおはなし処《どころ》Ｄｏｚｏ《ドーゾ》」の看板。前情報によると、ここが物語屋さんのアジトらしいけど……？　キョロキョロしていると、奥から作務衣《さむえ》を着た男性が現れた。この人か！　「どうぞ、上がってください」

畳敷きの片隅には黒電話や火鉢があり、柱時計の音がときおり響く。タイムスリップでもしたみたいだ。壁ぎわの棚には雑貨がならび、天井には小型のスポットライト。猫が部屋と外を自由に出入りしてる。なんなんだ、ここは……？　ていうか、物語屋って何？

KEYWORD

- 口承文芸
- ライター
- 記憶
- 図書館員
- 表現者
- バンド活動
- ラダック

人生を物語にする仕事

「物語屋」っていうのは、かんたんに言うと、だれかの人生を聞いて、それをひとつの物語にする仕事です。

まずは依頼者の方に、自分の人生を話してもらいます。この部屋でお話をうかがうときもありますが、東京都内なら、ぼくが相手のところに出向くことが多いですね。聞きとったお話をもとに物語を執筆します。そしてここからが物語屋としての真骨頂、完成したテキストをぜんぶ頭に入れて、「語る」んです。

そのために、まずは書いた文章を口に出してみる。この段階で、舌に乗りにくいことばを別のことばに変えたりしながら、少しずつ文字から離れていきます。あとはひたすらくり返して練習です。文字を見なくても語れるようになるまで、完全に体に覚えこませる。「語り」は文字を読む朗読とは違うので、自分がいまその場で語っている、というレベルまで、ことばを体に入れないといけないんです。

お店や会社の経営者から、自分の半生を物語にしてほしいと依頼されることも多いですね。ほかにも、結婚式で、プロフィール・ムービーのかわりに、新郎新婦のなれそめを物語にして参列者に語ったり、故人をしのぶ会で、その人の人生の物語を語ったり。お年寄りからの自伝作成代行みたいな依頼も多いです。

門をくぐると、物語屋のすみからしき家が現れた。

出迎えてくれた、物語屋こと中川哲雄さん。

ご本人だけに向けて目と目を合わせて語ることもあるし、大勢を前に語ることもある。テキスト作成だけの場合もよくあります。二時間ほどでお話を聞きとって、語ると十分くらいになる分量のテキストを作成するのが基本メニューです。料金は二万円。「語り」もつけると三万円です。その分量じゃものたりないって人は応相談ですね。とくに、長く生きてこられたお年寄りの人生を十分でまとめるのはなかなか難しいので（笑）、お話を聞きとる時間も、できあがるお話の分量も長くなって、そのぶん料金も高くなります。でもまあ、ご予算におうじて、時間と料金はフレキシブルにやらせてもらってますね。オプションで、テキストを文庫本にしたり、語りをＣＤに録音してお渡ししたりもします。

もともとぼくのことを知っていて依頼してくれる方は、語りまで注文してくれますけど、インターネットで知って依頼される方だと、語りを希望される方は少ないです。そもそも語りってなんなのか知らない（笑）。じっさいに語りを聞いてもらったら、きっと満足してもらえるはずですが、語りはオプションにしてるんです。ぼくとしてはそっちがメインなんだけど（笑）。

なるほど、物語屋っていうのはそういう仕事なのか！　だれかの人生を文章にまとめるという意味では、伝記作家みたいな仕事に近いかもしれない。でも、

居間を抜けると仕事机が。執筆はパソコンでする。

物語を本として味わいたい人向けにつくっている「物語屋文庫」。

決定的に違うのは、最終的なアウトプットが「語って聞かせる」っていうパフォーマンスであること。そんな仕事が存在するとは、世の中は広いなあ〜! もうちょっとくわしく聞かせてもらおう。たとえば、紙芝居みたいに、イラストを見せたりもするのかな?

想像力の世界をつついてあげるんです

語りに大事なのは、ことばと声です。ことばと声にはすごい力がある。ぼくたちがふだんしゃべるときって、あるていど手や体が動きますよね。でも、むしろ身振りを使わないほうが、言いたいことはダイレクトに相手に伝わるんですよ。何も道具を持たずに、身振りも極力使わずに、自分の声とことばだけを使って何かを語ったときに、相手の頭のなかにある想像力の世界をつついてあげることができる。それが「語り」の本質です。「素の状態でやる」ことが大事なんです。

つい手振りが出ちゃうことはありますけどね。ぼくはそこまでストイックに抑えようとはしてないけど、語りをやってる人のなかには「ぜったい動いちゃダメだ」って言う人もいます。よけいな情報になっちゃうから。

たとえば落語家さんも、話を師匠に教わったとおりには演じないですよね。同

「語り」口演中の中川さん。口元以外、ほとんど動かない。

じ人が同じ落語を演じても、そのたびに試行錯誤はあるし、前回と今回では違うものになる。語りには、文字にすると失われてしまう豊かな情報量がある。人間が文字を発明する以前の「伝承」っていう役割からはじまって、能・歌舞伎・浄《じょう》瑠《る》璃《り》・落語とさまざまな芸能に発展してきた、話芸の基礎みたいなものなんです。

ふ、深い……! ふだんしゃべるときに、そこまで考えたことなかったよ。だれでもやってる「しゃべる」っていう行為だけど、こだわりがハンパじゃない。ワインのソムリエ☆がブドウの種類や生産年にまで精通してるように、物語屋はことばと声を極限まで追求してるってことだ。ここまでくると、アーティストの領域だよね。正直、かなり特殊な職業だと思うけど、いったいどうやってその仕事についたんだろう?

☆ソムリエ
フレンチやイタリアンの高級レストランで、客の相談にのってワインを選び、提供する人。フランスやイタリアでは、ソムリエは国家資格であり、難関の試験に合格しなければならない。

本が好きで図書館に就職

ぼくは、ちっちゃいときからお話をつくるのが好きで、ずっと頭のなかでお話が回ってるような感じの子だったんです。とにかく本や物語が好きで、大学で文系の学部に進んだけれど、授業と関係のない本を読んだり、英語の原書をかってに和訳したりしていました。サリンジャー☆の『フラニーとゾーイー』を読んで衝撃を受け、最終的にサリンジャーが文章を書けなくなってしまったのはなぜなのか、卒業するまでずっと考えつづけたあと、地元近くの図書館に就職しました。

べつに定年まで図書館に勤めようと思ってたわけじゃないんですよ。というのは、ぼくは高校からバンドをはじめて、図書館で働きながらもわりと本気で続けてたんです。音楽一本で食べていこうとした時期もあったくらいで。といっても、それができるのって限られた人間ですから……。三十歳のころからは趣味とわりきって続けてました。図書館って毎日残業があるような仕事ではないので、時間的には可能だったんです。でも、いまから十年ほどまえに、図書館の運営システムが変わって、ちょっと続けにくくなっちゃった。それで、いっそ図書館員の仕事もバンドも、きっぱりとやめることにしたんです。四十歳前くらいですね。

グローバリゼーションが届かないところに行きたい

で、どうせヒマになるんだし、ちょっと長めに日本を離れてみようかと思って。グローバリゼーションが届かないところに行ってみたかったんですよね。その影響からいちばん遠いところに行きたくていろいろ調べてて、チベット文化に興味がわいたんです。かつて独立国だったチベットは、中国の一部になってから、チ

☆サリンジャー
一九一九―二〇一〇。アメリカ合衆国の小説家。『ライ麦畑でつかまえて』『フラニーとゾーイー』『ナイン・ストーリーズ』などの作品に世界的人気がある。

バンドマンとしての過去を感じさせる姿。中川さんの語りは、古楽器・リュートの演奏がさしはさまれることもある。

ベットらしさがどんどん失われていってる。でも、インドの最北端・ラダック地方には、「小チベット」と呼ばれるくらいチベット文化が色濃く残っているらしい。そこで、ラダックの農村に滞在して、その地域の文明や文化を体験するスタディツアーに、二〇〇六年の夏に申し込んだんです。まわりはみんなヨーロッパ人ばかりで、現地集合・現地解散でしたから、チャレンジングではありましたね。

小チベットでプリミティブ体験

日本から飛行機でデリーに着くと、そこからバスを乗りついで移動です。デリーから直行便の飛行機もあるけど、ラダックって標高四千~五千メートルだから、直接行くと高山病になっちゃうんですよ。なので、陸路で体を慣らしながら行くんです。まあ、お金の問題もあったんですけどね。時間はたっぷりあったんで、一か月くらいかけてゆっくりいきました。最後にいよいよヒマラヤに入り、五千メートル級の山を四つくらい越えると、ようやくラダックの中心都市・レーに入ります。すごいところに現地集合だなって感じでした(笑)。そこからさらに数時間バスに乗って、ようやく目的の村に着きます。

景色はめちゃくちゃきれいだけど、とにかく遠い。まさに秘境です。あるヨーロッパ人はこう書いていました。「いままでに訪れたどこよりも美しい景色だった。

ラダックにて。いちばん左が中川さん。背後にヒマラヤ山脈が見える。

宿泊先の家族と食事の用意をする中川さん。

でも、二度と行きたくない」って(笑)。それで逆に興味を引かれた部分もあります。標高が高いので夏でもぜんぜん暑くなくて、過ごしやすかった。目の前には雄大なヒマラヤ山脈。空気もめちゃくちゃきれいでした。

そこの麦農家さんに一か月泊めてもらって、農作業のお手伝いをしてました。でも、そんなに働かないんですよ。種まきと収穫のときは忙しいんですけど、その時期じゃなかったし、菜の花とりをひたすらしてた記憶がありますね。

そこでの暮らしがすごくプリミティブで、感銘を受けたんですよ。水道はありません。冷たくてきれいなヒマラヤの雪解け水が流れていて、生活用水はそれを利用します。朝早くに水をくんで、井戸端会議をするところから一日がはじまる。電気は供給時間が決まっていて、夜八時まで。太陽光発電があって、昼間に蓄えた電気で夜間の街灯を点けてました。当時はインターネットも新聞もなくて、唯一の情報源は、限られた家庭だけにあるテレビだけ。でも、べつにそれに依存するわけじゃない。

日本も昔はそういう生活だったはずだけど、ぼくたちはもはや、かつての状態がわからないですよね。アートやエンタメの分野でもそう。アニメやゲームを例に出せば、いまはCGとかがめちゃくちゃ高度になってるけど、数十年前はゲームはドット絵☆だけ、アニメは白黒で動きもカクカクしてて、もっとさかのぼれば

ラダックの人たちと。

☆**ドット絵**
コンピュータ画面の小さなマス目に色を塗り、それをならべあわせて表現する絵。レゴブロックをならべてつくった絵のような見た目になる。

パラパラ漫画からはじまってる。でもそのころのほうが、伝えたいことがダイレクトに伝わったんじゃないか。ぼくは音楽はやめたけど、やっぱり表現者でありたかったんで、もっと原点に立ちかえったような、体ひとつで表現できることがあるんじゃないかと、模索をはじめたんです。

その着想が、身振りを使わずにことばだけで物語を語るっていう、削ぎおとされた表現につながっていくんだな。こうして物語屋がスタートしたわけだ！

はじまりは妖怪ジュークボックス

いや、すぐにいまのスタイルが確立したわけではなくて……、帰国後二年くらいは、たくわえを食いつぶしつつ、ひっそり生活してました。でも、さすがにお金がつきてきたので、知り合いのつてで、農業系出版社に契約社員として就職したんです。仕事内容は、編集☆をしたり、ライター☆として文章を書いたり。そのときに、農業関係の方のインタビュー記事をたくさん書いてるうちに、人にものを聞いて物語にまとめるのっておもしろいな、と感じたんです。そこで仕事とは別に、ぼくが興味をもった人に話を聞いて物語にする活動をはじめました。お金に

☆編集
本や雑誌をつくるために、どんな内容にするのか企画を立て、執筆者に原稿を依頼し、その原稿をチェックして整理し、デザイナーやカメラマン、イラストレーター、印刷会社などとともに一冊のかたちに仕上げていく仕事。みずから原稿を書いたり、写真を撮ったり、デザインをしたりすることもある。

☆ライター
出版社などの求めにおうじて、あるテーマについて取材して文章にまとめ、原稿料をもらう職業。

なる感じじゃなかったけど、ゆくゆくはこれが仕事にならないかと、漠然と考えてました。

そんなとき、当時の地元の人たちから、地域のお祭りに出店しないかと呼んでもらいました。そのときにはじめて「物語屋」って名乗って、「妖怪ジュークボックス」っていう、ぬらりひょんとか、かまいたちとか、妖怪の伝説を一話三分で語るコーナーをやったんです。

お祭りやイベントは、公民館とかで月に一回くらいあったので、毎回いろいろ試しました。そんななかで、「あなたのお話をつくります」っていうメニューをはじめたんです。その場ですぐにはつくれないんで、翌月までにつくっておいて語るんですけどね。その評判がよくて、これはいけるぞと思ったんですよ。でも一話百円でやっていたので、どうやっても採算がとれない。「こんな値段で、こんなことやってちゃダメだよ！」って、お客さんから怒られたくらいです（笑）。それで試行錯誤して、いまのメニューと値段に落ち着いたんです。

いや、これだけの仕事して百円て！　太っ腹すぎるよ！　かなりの作業量だよね？　時給にすると五円とか十円とかじゃないの？　まあでも、いまは料金体系も見なおして、やっていけてるんだよね？

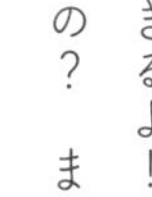

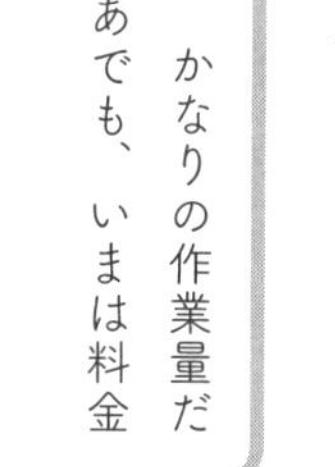

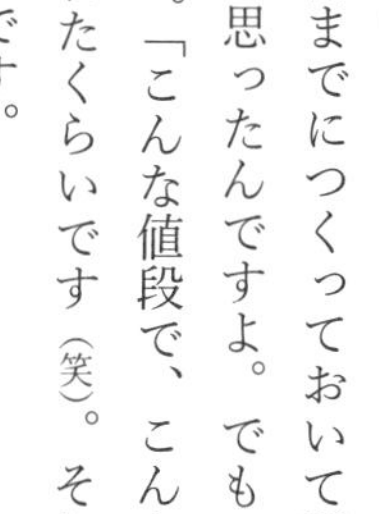

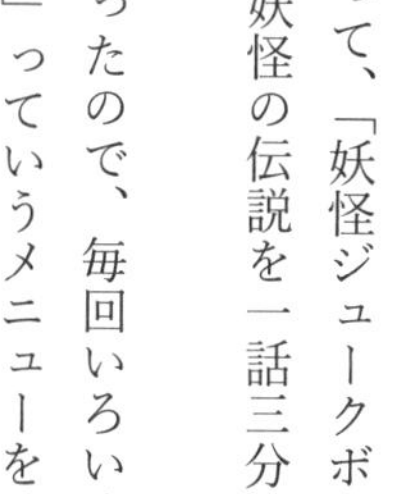

ふと気づくと黒猫に見つめられている。この家にともに暮らすキリくん。姿を変えてあちこちに。

「小商い」をして暮らしてます

「語り」も、音楽や演劇と同じようにパフォーマンスの一ジャンルですから、自主公演を開催して、そのチケット収入だけで食べていければ理想ですけど、なかなか難しいです。朗読はいまブームだし、朗読公演にはお客さんもよく入りますけど、それでもたぶんたいへん。会場レンタル費、チラシ作成などの情報宣伝費など、もろもろの経費を引くと、残るお金はわずかです。だから、朗読教室の先生をやったりして、副収入を得ている方が多い。

ぼくに関しては、「物語屋」としてのテキスト作成&語りの収入が大きいです。依頼があって語りをやらせてもらうときは、公演料というかたちでいただきます。ありがたいことに、口コミで声をかけてもらうことが多いんですよ。ここ（Ｄｏｚｏ《ドーゾ》）でときどき寄席をするんですが、それを聞いたお客さんが、うちの町内会でもやって、って呼んでくれたり。

でも、それだけじゃなくて、いろんな「小商い」をして、それらの収入を合算して暮らしている感じです。いまでも編集やライターの仕事をいただくこともありますし、自宅でもありギャラリースペースでもあるここ「Ｄｏｚｏ」の存在も大きいです。

ホールなどでの公演では、たくさんの観客に向かって語ることも。

Ｄｏｚｏの外観。

この家は、「古すぎて住めないよ」と言われた一軒家を、農家である大家さんに頼みこんで住まわせてもらったんです。友だちに協力してもらって内装を仕上げて。ここで、寄席として物語ライブや落語を上演して、チケット収入を得たり、アーティストの作品を展示販売させてもらって、売れたぶんの何%かをいただいたり。奥さんがやってる和裁教室の収入もある。

Ｄｏｚｏの一角を地域の人たちに貸して、お店のスペースとして使ってもらってもいます。中庭には地場野菜、出窓には手づくりパンの販売コーナーがあって、野菜やパンを買いにきたご近所さんが、コーヒーを縁側で飲んで、ちょっと畳に上がっておしゃべりしていく。地域の方々との交流の拠点としても機能しています。和裁教室の生徒さん、物語ライブのお客さん、利用してくれるアーティストとの関係も生まれる。Ｄｏｚｏでは、いろんな人が集まって、いろんなことが起こります。それと同じように、ぼくもいろんな人とかかわって、いろんな「小商い」をして生きているんです。

このほっこり空間はそういう場所だったのか。人だけじゃなく、場所にも物語はあるね！　では最後に、中川さんからみんなへのメッセージをもらったよ。

出窓に店をかまえる人気店「かぶとパン」の佐藤嘉太《かぶと》さんご夫婦。嘉太さんの半生は、波乱万丈の物語になる。

アーティストの作品がならぶ展示棚。

ラダックの共同体に学んで

この世の中、会社員にならなくてもなんとかなりますけど、ぼく自身、それがわかったのは一回勤めたあとなんですよ。まあそれは、あくまでぼくがそうだったというだけなので、万人にオススメするわけじゃないですけど、いろんなところに行って、いろんなものを見たほうがいいのはまちがいない。

ぼくでいうと、やっぱり、ラダックでの経験は大きかったですからね。朝早くの井戸端会議、みんなで集まっておしゃべりを楽しむ風景、だれの子どもでもおかまいなしに地域全体で子育てをする――そのコミュニティのあり方は、かつては日本にもたしかにあったものだった。その感覚が、この「Ｄｏｚｏ」っていう空間づくりにもつながってます。

ここの運営や、地域とのあり方も、もっともっと考えていきたいですね。

何か新しいことをはじめるためには、ときに何かを捨てることも必要だ。水がいっぱいのボトルにさらに水を入れても、あふれるだけだからね。中川さんもそれまで取り組んでた音楽と図書館の仕事を捨てた。かわりに入ってきたのが、物語であり、Ｄｏｚｏでの生き方だった。

「ここにあうから」と、近所に住む常連さんが持参した糸巻きを照明器具にとりつけはじめた。中川さんは「いや、いらないでしょ」と苦笑い。

物語づくりとDozoの活動は、根本でつながってる。人への興味がすごくあって、人とかかわって生きていくことを選択した結果なんだろうな。その結果、物語屋っていう仕事も生みだせたし、不思議な共同体をつくりだしてる。お金は少ないかもしれないけど、モノと人は豊かにあふれてる。

自分にとって大事な核の部分が確立したら、すでに世の中にある「仕事」に自分をはめなくても生きていけるんだよね。

おばあちゃんの家にいるかのようにくつろいでマンガを読むお客さん。

［先輩］No.2

珍スポトラベラー 金原みわ
［かねはら・みわ］

「珍スポトラベラー」——知人の口から飛びだしたその単語に、「え？何スポ？」と、ぼくは聞きかえした。「ちん、すぽ、だよ」。彼は滑舌《かつぜつ》よくくり返した。珍スポ？　トラベラー？　よくよく聞くと、そういう仕事をしている女性と知り合いらしい。

日本一長い商店街のひとつ、天神橋筋商店街（大阪）で、ぼくとその女性・金原みわさんは落ちあい、趣のある喫茶店「かるがも」に入った。店内に入るやすぐに、金原さんのスマホに着信が。ぼくがうながすと、金原さんは電話に出た。話しこむ金原さん。手持ち無沙汰なぼく。しばらくして電話を切った金原さんは、「すいません……」と謝り、パソコン作業をはじめた。作業に没頭する金原さん。手持ち無沙汰なぼく。数分ののち、金原さんはぼくに向きなおった。

KEYWORD

- 珍スポット
- 旅
- 薬剤師
- ライター
- イベント
- 出版
- ラジオ出演

珍しいそうめん？

昨日、「珍しいそうめんを食べる会」っていうイベントをしたんです。そこにNHKの取材が来て、今日の夕方六時からの番組で放送されるそうなんです。いまの電話は、取材に来たアナウンサーの方からで、「昨日、私が食べたそうめんはなんていうそうめんですか？」って聞かれて。あっ、「珍しいそうめんを食べる会」っていうのは、その会長がはじめたイベントでして、四回目くらいから私も参加するようになって、今年で七回目になりますね。毎年、この時期に東京と大阪で開催するんです。私は大阪支部長、兼広報、兼食品衛生責任者、兼司会進行みたいな感じで……あっハイ、だいたいぜんぶですね（笑）。私、薬剤師の資格をもってて、食品衛生の責任者になれるので、重宝されてるんですよ。

いや、ちょっと、ぜんぜんわからないな！ 黙って聞いてたら、この人いったいなんの話をしてるの？ はっきりしてるのは、いまのところ、一ピコメートルも話が飲みこめないってことだけだ。珍しいそうめん？ 薬剤師？ それって、珍スポトラベラーっていう仕事と何か関係があるの？

「珍しいそうめんを食べる会」のイベント案内。

千五百の珍スポをめぐって

そうですね、わからないですよね。珍スポトラベラーっていうのは、読んで字のごとく、珍スポット、つまり日本各地の珍妙な場所を旅する仕事です。車に寝袋を積みこんで、なかば車上生活者みたいな感じで、全国各地の珍スポをめぐるんです。でも、寝袋は体に悪いことがわかって、途中からはいい布団と枕を持ちこんで、寝る環境を整えましたけど(笑)。

いままで訪ねた珍スポットは全国千五百か所以上。テーマパーク、観光地、喫茶・食堂、宿・温泉、歓楽街……、国内で気になっていた場所はもうほとんど訪れましたね。珍スポットって、場所自体が珍妙なのはもちろんですけど、そこでできる「体験」の珍しさも大事なんです。「カフェオレ天井落とし☆」で有名な名古屋の喫茶ツヅキとか、手づくり「バンジーブランコ☆」が楽しめる沖縄の山田水車屋とか、福島県のさびれた温泉街のストリップ劇場とか。日本全国にある珍祭・奇祭も珍スポって言っていいですね。

そして、旅して楽しかったねっていうだけじゃなくて、それを文章で書いて、多くの場合は写真もふんだんに交えながらレポートするんです。そこがないとただの旅行好きのお姉ちゃんなので(笑)。書く媒体は雑誌やウェブなど、いろいろで

☆カフェオレ天井落とし
約二・五メートルの天井から、客のコーヒーカップめがけて熱々のコーヒーとミルクを注ぎ、フワフワでまろやかなカフェオレをつくる技術。

☆バンジーブランコ
沖縄そば屋の店主が手づくりした巨大ブランコ。電動の機械で高々とひき上げられ、放たれた瞬間、乗客の絶叫とともに猛スピードで落ちていく。

す。それで原稿料をもらったり、イベントで発表する場合は出演料をいただいたりします。

でも、不器用なんで、数をこなせないってことに気づいて、こまってるんです。じつはまだフリーランス☆になって日が経ってなくて、ありがたいことに仕事のお話はいっぱいいただくんですけど、受けすぎて手が回らなくなってるのが現状です。ライター☆って、クライアント（依頼主）の求めるものを書けてナンボですけど、私はそんなふうにものが書けるわけじゃないし、書くのも遅い。

なので、自分のことを人に説明するのにいつも苦労するんですよ。珍スポトラベラーとは名乗ってるけど、それが職業なのかっていうと疑問だし（笑）。

いや、「カフェオレ天井落としで有名な……」ってあたりまえみたいに言われても、ぜんぜんわからないからね!?

でも、たしかにおもしろい活動なのはまちがいなくて、著書も三冊出版してるし、いろいろな雑誌やウェブ媒体に旺盛《おうせい》に文章を発表してる。トラベラーとは言ってるけど、仕事の内容としては、作家やウェブライターっていう要素が大きいみたいだな。

そんな金原さん、珍スポトラベラーとして独立したのはここ一年くらいのこ

福島の芦《あし》の牧《まき》温泉劇場。愛好家に惜しまれつつ、二〇一八年に閉館した。

☆フリーランス
会社や団体などに所属せずに個人で働き、仕事ごとにいろんな依頼主と自由に契約する人のこと。ライターやカメラマン、デザイナーといった職業に多い。

☆ライター
十八ページの注参照。

とで、じつはそれまでの職業は薬剤師だったという。薬剤師の資格をもってるってさっきちらっと言ってたけど、完全にそれが職業だったのだ。薬剤師とトラベラー、まったく結びつかないけど、現在にいたる経緯はいったい……？

安定したくて薬剤師に

出身は兵庫県の川西市です。母は幼いころに亡くなって、父も再婚して出ていったので、私は祖父母のうちで育ちました。学生時代から青春18きっぷ☆を使って旅行したりはしてたけど、いまほどじゃなかったです（笑）。

将来は安定した職業につきたいと思って、大学は薬学部を選んだんです。就職先も、大手の、しっかり研修制度があって学べそうなところを選びました。私、波乱万丈に生きてるようで、じつはめちゃくちゃ堅実なんですよ（笑）。

それで大手調剤薬局会社に就職して、二年に一回くらい別店舗への異動があるので、いろんなところで勤務しました。薬局の店舗って、小さい世界だから、飽きちゃうし、人間関係も煮つまりやすい。だから定期的に人が循環するのは健全でいいと思いますね。

☆青春18きっぷ 日本全国のＪＲの普通・快速列車の自由席、ＢＲＴ（バス高速輸送システム）、宮島フェリーが一日乗り放題になる切符。学校が休みになる春・夏・冬に販売される。五回分一セットで、期間内に複数回に分けて使ったり、グループでいちどに使ったり、いろんな使い方ができる。「青春18」とあるが、年齢制限はない。

薬剤師としての金原さん。

珍スポ初体験

二〇一〇年、薬剤師の同僚と、テレビ番組の「探偵ナイトスクープ」でも紹介されてた、兵庫県の淡路島にある「ナゾのパラダイス」を訪ねたんです。壁一面に館長のスケベ格言が貼られ、性器をかたどったご神体から、金玉七不思議という謎のデータまで……、あまりの衝撃に動悸が止まりませんでした（笑）。そこからですね、珍スポットにハマったのは。休日ごとに珍スポを調べては訪ねる日々がはじまりました。学生時代はそれほどでもなかったのに、働きはじめてから旅にハマるという（笑）。

そんな旅をくり返してるうちに、珍妙な写真がたまりにたまっていったので、二〇一三年に、友だちとふたりで写真展をやったんですよ。そしたら、けっこう人が来てくれたんです。それで味をしめて、また写真展をして。旅をして写真を撮って、発表して。

そのころすでにブログは書いていて、珍スポットのことも発表してたんですけど、自分のブログで書いてるだけじゃアクセスは伸びない。それでいろいろ探ってると、「デイリーポータルZ」とか「オモコロ」とかいうウェブメディアがあることを知りました。それで、ライターの求人に応募したけど通らなくて、それよ

記念すべき珍スポ第一号、「ナゾのパラダイス」。

りちょっとインディーズの「ハイエナズクラブ」っていうサイトに書くようになったんです。インターネットのメディアからこぼれ落ちたゴミネタをもあさるっていう意味で、「ハイエナ」の集まり。そこでいろいろ書いたり活動したりするようになって、世界が広がりましたね。『Meets Regional』（関西の地域情報誌）で連載をもつようにもなりました。

二〇一四年のお正月に「珍年会」っていうオフ会をやって、それにも人がいっぱい集まってくれたんです。「珍スポ祭り」っていう、珍スポの写真を見せて紹介するトークショーもやるようになりました。そのころですね、珍スポトラベラーって名乗りはじめたのは。「ロフトプラスワンウェスト」（大阪のトーク・ライブハウス）とかで、たびたびトークイベントに呼ばれたり、自分でもイベントを主催するようにもなりました。はじめに言ってた、「珍しいそうめんを食べる会」も、そういうイベントのひとつなんです。

都築響一さんのアドバイスがターニングポイントに

イベント出演が相次ぐなか、もちろん薬剤師としても働いていて、ポジションも上がって店長になった。数年間ずっとバタバタな毎日で、とにかくクソ忙しかったんです。それで、休息も必要だったし、じっくり一年くらい旅に専念しよう

「珍装」でイベント出演中の金原さん。

と思って、二〇一六年四月に、七年間続けた薬剤師をやめました。その翌月、処女単行本である『さいはて紀行』（シカク出版）を出版しました。『さいはて紀行』は、私が自分のブログに書いた文章を再編したもので、二〇一五年から私が訪ねた珍スポットについて書いています。

以前、都築響一《つづききょういち》☆さんに会う機会があって、自分の書いた文章をいろいろ見せたんです。そしたら「きみはおもしろく書こうと思って、細かい話をいっぱい削ってるでしょ」って指摘されて。「ふつうだったらどうでもいいって省いちゃうようなことも、ぜんぶ書いたらいいんだよ」って。それを境に、私の文章の書き方がめちゃくちゃ変わりました。それまでは、「こういう人がいるって聞いて会ってきました、こんなおもしろいところにいってきました、おもしろかったです、みなさんぜひ行ってみてくださいね〜」って感じの文章の定型があったんですけど、都築さんにそう言われてからは、どうでもいい町の描写でも、ぜんぶ書いてやろうと思って。それが『さいはて紀行』にはすごく反映されてるんです。

ノーギャラだけど、やってみる?

二〇一六年、評論家の荻上チキさんの番組で、ラジオというものに初出演させてもらったんですよ。アホみたいなんですけど、それで「ラジオっていいな〜」

『さいはて紀行』

☆都築響一　一九五六―。作家・編集者・写真家。『珍日本紀行』『珍世界紀行』といった人気シリーズを出している珍スポトラベラーの草分け的存在。

って思っちゃって（笑）。ラジオ関西のあるディレクターさんが私のやってるイベントを見にきてくれたときに、そんなことを伝えたら、なんかとんとん拍子に話が進んで（笑）、「金原みわの珍人類白書」っていう番組をやらせてもらえることになったんです。

私が全国を旅するなかで出会った強烈な「珍人類」を週がわりでゲストに迎えて、その珍世界をたっぷり語っていただく内容です。日本最高齢地下アイドルのプリンセスやすこさん☆、特殊変態ギタリストの佐伯誠之助《さえきせいのすけ》☆さんなど、何かを強烈に愛好したり、特殊な活動に取り組んだりしてる方に来てもらって、それを続けてる理由、ハマったきっかけや魅力はなんなのかを語ってもらうように心がけています。二〇一八年三月には収録の一部をまとめた書籍（『金原みわの珍人類白書』有峰書店新社）も発売されました。

ラジオの仕事は、はじめは「ノーギャラだけど、試しにやってみる？」って感じだったけど、とりあえずはじめられたのは大きかったです。おもしろがってやってたら、意外とリスナーも増えて、ギャラも出るようになりました。

ラジオのパーソナリティーをやってて、ノーギャラなんてことがあるのか！

演劇界もたいがい金銭的に厳しい世界ではあるけど、大きなメディアの世界で

☆プリンセスやすこ
一九四九年生まれの地下アイドル。会社を定年退職後に芸能活動を開始。六十歳からがんばる人びとへの応援ソングを歌う。作詞家、カメラマン、ヘアーメイク・アーティストとしても活動中。

☆佐伯誠之助
関西中心にライブで活躍。女性器が描かれたシャツを身につけ、サンプラーとエフェクターが埋めこまれた弦なしギターで、AV音源も駆使した下ネタ全開の曲を演奏する。

『金原みわの珍人類白書』

もそうとは、なかなか難しいなあ。
しかし、金原さんが過去に手がけたイベント一覧を見せてもらうと、こりゃ忙しいだろうという感じのラインナップだ。しかし「男根崇拝サミット」とか「奇食ナイト」とかやってて忙しいって言われても、同情する余地はないと感じるのはぼくだけかな？ いちばん珍人類なのは金原さんだよね？

珍スポでは食べていけない

好きなことでしっかりお金を稼《かせ》いでいければもちろんいいんですけど、珍スポで稼ぐという行為にちょっと抵抗があるんです。

たとえば、マニアックなお店をウェブで紹介するとします。私が情報発信することで宣伝にもなるし、集客効果もあるかもしれない。だから私が記事を書くことに意味はあるんです。私も珍スポを紹介できてうれしいし、向こうもお客さんが来てくれてうれしい。でも、かならずしもお客さんにいっぱい来てほしいと思ってる人ばかりじゃないというのが、活動をしていくなかでわかったんです。

また、この活動だけで食べていくなら、ツアーを企画するとか、オンラインサロンを運営するとか、手元にお金が残るかたちをつくらないと長期的に運営して

ラジオ出演中の金原さん。

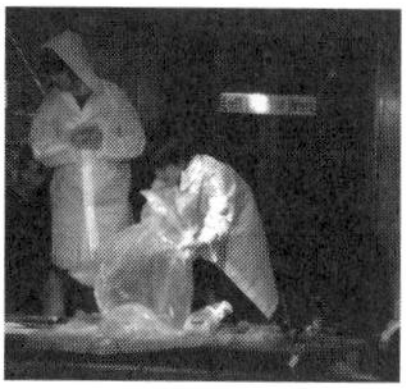

奇食ナイトでの「シュールストレミング開封の儀」。シュールストレミングは塩漬けニシンを缶のなかで発酵させた、スウェーデンの珍味。世界一くさい食べものとも称され、冒険者を挑発する。

いけないんですけど、それは私のやりたいことではないんですね。じゃあ、いろんなメディアで記事をたくさん書いて、ライターとして生きていくって方法はどうか。私の作業ペースとギャラ（原稿料）を考えると、それだけでは難しい。ラジオの収入も微々たるものだし。

イベント出演は、基本的にはギャラをいただけるものだけにしてますけど、義理がある人のイベントには出ないとだし、自分が主催してる定期のイベントが死ぬほどあるので（笑）、それはもうけと関係なくやらないといけないんですよね。私、「大阪奇食倶楽部」のメンバーで、広報と進行担当なので、そのイベントをまた秋にやらないといけない。あと、知り合いの主催する音楽フェスに誘われたので、トークとかステージの構成とかブッキング（出演の依頼や契約）とか、ぜんぶやらないといけない。そんなのやったことないのに（笑）。いや〜、だって、夏フェスっておもしろそうじゃないですか。そういう「やりたい！」ってだけでやっちゃうから、あとで首を絞めるんですよね（笑）。

支出もバカにならないです。日々の生活費はもちろん、旅の費用が大きいですから。取材費として出る場合もありますけど、たとえば『日本昭和珍スポット大全』（辰巳出版）に関しては、あの本で紹介してるのはほとんどすでに自分で行ってた場所なので。本の目次が決まってから行った場所は少ないです。

主催イベント「金原みわ生誕祭」の案内。

『日本昭和珍スポット大全』。

いまは、いろんな仕事のちょっとずつの収入を合算して、あとは貯金を切りくずして生活してますね。

ふたたび薬剤師に

なので、もう少ししたら、もういちど薬剤師にもどろうと思ってるんです。といっても、もう一回就職して店長になって……というのではなくて、アルバイトとして働くつもりです。薬剤師はバイトでもかなり時給は高いですから。珍スポではもうけが生みだせないので、収入の部分は薬剤師でなんとかしようと考えてるんです。

もともと、二〇一六年に薬剤師をやめたのも、べつに仕事がイヤになったわけじゃなかったですからね。ちょっとまとまって旅をしたいので、長めの休暇をとることにしました、っていう感覚なんですよ。フリーランスになったたっていう感じはあまりない。まあ、意外と長く休んじゃいましたけど(笑)。この一年で、行きたいところは網羅したので、さあこれからどうしようかな〜って模索中です。

いまやりたいのは、毎年ひとつのテーマで一冊本を出していくことと、テレビで冠《かんむり》番組をもって町ブラをすることですね。小説も書きたいなって思ってて、旅にいった帰りとかに少しずつ書きすすめてはいるんですけど、まだ全体の百分の

愛知県常滑市の「とこなめ見守り猫・とこにゃん」と。高さ三・八メートル、幅六・三メートルの巨大な招き猫。

○・五くらい（笑）。小説はやりたいことのなかではまだ優先順位が低いので、のんびり進めていこうと思います。

やりたいことを仕事にするのは難しい。それが世の中にすでにある仕事ならまだかんたんなんだろうけど、「珍スポトラベラー」って活動は、それがどうやって仕事として成立するのか。努力はもちろん、社会のあり方とうまく合致しないと、たしかに難しいだろう。

そんなとき、金原さんみたいに手に職があるのはほんとうに強い。薬剤師という「できること」でお金を稼ぎつつ、「やりたいこと」を追求していく。これは金原さんが計画的に、きちんと大学で学び、数年間就職して働いていたからこそ選択できた生き方だよね。そんな堅実さと破天荒さのはざまに生きる珍人類から、みんなへのメッセージをいただいたよ。

仕事はやりたいことじゃなくてもいい

私、お金を稼ぐという点ではいろいろ試行錯誤してますけど、やりたいことをやるという点では順調にきてるんですよ。もちろん細かい失敗や後悔はあります

鹿児島市桜島、長渕剛の「叫びの肖像」と。長渕剛のコンサート開催を記念してつくられた。材料は五十トンの桜島溶岩。

うんこをエンタメとして楽しむ、横浜市の「うんこミュージアム YOKO-HAMA」にて。

けど、大きな選択で後悔したことはないです。仕事をやめたのも後悔してないですし、結局また仕事にもどることになったのも後悔してない。やりたいことをかならずしもお金に直結させなくてもいいと思いますね。

やりたいことをやるには苦労も多いです。スランプになったりもしますし、目立つことやったら水面下で嫉妬されたり、インターネットの掲示板でたたかれたりもします。でも、気にしてたらやってられないですよ。他人の意見はあくまで他人の意見。自分の興味とかやりたいことを追求したほうがぜったいにいい。

不思議なもので、「私はこれをやりたいんだ!」ってだれかに言ったことって、どんどんかなっていくんですよ。本の出版も、ラジオもそうだった。

珍スポットって、建物だったり風景だったりしますよね。でも、それがただの場所だったら、そんなに記憶には残らない。でもじっさいにそこに足を運ぶことで、だれかと話したりとかして、だれかの人生に触れることができる。ラジオでも毎回いろんな方のディープな世界に触れることができて、そうすると、私自身の世界もどんどん広がっていく感じがするんです。その瞬間がいちばんおもしろいですね。そういうふうに、私が「楽しい」とか「おもしろい」とか感じることをやっていければ、仕事や働き方うんぬんとはまた違ったところで、楽しい人生がおくれるんじゃないかって思ってます。

横浜市の鶴見神社の「田祭り」。鎌倉時代からの歴史をもち、豊作や子孫繁栄を願う。

金原さんは、好きなことを仕事にすることを放棄した（とりあえずいまのところは）。珍スポットが好きだから、それを無理にお金を稼ぐ手段にすることを拒否したんだ。好きなことで食べていくのって、すごく痛みをともなうことがあるから。

　でも、それは単純に夢をあきらめたとかじゃなくて、一段上の生き方を選択した結果だよね。世の中には、それで食べていけないからって好きなことを完全に捨てちゃう人もいる。でも、ぼくのまわりには、デザイン会社で働いたり、公務員として働いたりしながら、アフターファイブや週末に演劇や音楽をやってる仲間は多い。かれらはすごく純粋に好きなことに取り組んでると感じる。それで家も買って家庭も築いてたり、職場でもいいポジションについてたり、戯曲賞をとって演劇界でも認められてたり。

「できる」ことも「やりたい」ことも、ぜんぶ抱えて生きていける道はきっとあると思うんだよ。

北海道上士幌町《かみしほろちょう》の糠平湖《ぬかびらこ》にかかる「幻の橋」タウシュベツ川橋梁《きょうりょう》と。ダムの水が減る一月ごろから凍結した湖面に姿を現し、水位が上昇する夏ごろには湖底に沈む。

数々の旅に同行した愛車の内部。寝室でもある。

[先輩] No.3

アドベンチャーランナー
北田雄夫
[きただ・たかお]

夜の大阪・桃谷《ももだに》。とある店のバーカウンターで、ぼくは北田さんの太ももをさわっていた――いや、違うから！　ぼくたちはたまたまこの店で同席し、その場にいた共通の知人が「彼、アドベンチャーランナーなんだ。足の筋肉、すごいよ。さわらせてもらったら？」と勧めるから、さわらせてもらっただけだから。

　アドベンチャーマラソンとは、着がえや食料を背負い、砂漠や南極大陸などを何百キロ（ときに千キロ以上）も走るレースのことだ。話を聞くと北田さんは、世界七大陸の超人レベルのレースをすべて走破するという、日本人初の偉業を達成した猛者《もさ》らしい！　それはくわしく聞かせてほしい。アドベンチャーランナーで食べていくってどんな感じ？　まずはレースのことから教えてください！

KEYWORD

- ランナー
- アドベンチャーマラソン
- 世界の絶景
- 日本人初
- 講演
- プロ契約
- 個人サポーター

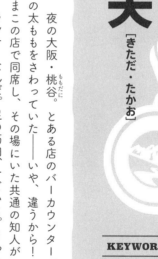

アドベンチャーマラソンって、どんな競技？

アドベンチャーマラソンとは、砂漠や南極大陸、高山やジャングルなどの過酷な自然環境を、自分ひとりで走りぬく競技です。熱中症や凍傷、感染症などの危険もあり、それらを乗りこえなければ、そもそもゴールじたいが難しい。

走行距離は、二百キロのものもあれば八百キロのものもあり、さまざまです。数日から、長いと一か月近くになるものまで。三日以内のレースなら睡眠時間ゼロで走りつづけることもあります。三日以上なら、一日三時間睡眠くらいになることも。チェックポイントごとにタイムリミットが設定されていて、それを過ぎると失格になるので、休憩時間も、装備を整えたり肉体のケアをしたり、完全には休めない。休憩場所が用意されている場合もあるけど、ない場合は自前のテントを張ってそこで休みます。

レース中の食料も自分で背負って走るので、重たいものは持っていけない。軽くて小さくてエネルギーになるもの、つまりナッツやシリアルバーが中心。レースが終わったら三～五キロくらいやせてますよ。水は途中に補給ポイントがいくつもあるので、そのつど、二～三リットル補給します。

開催地の環境によって、苦労もさまざまです。砂漠だと寒暖差がすごくて、夜

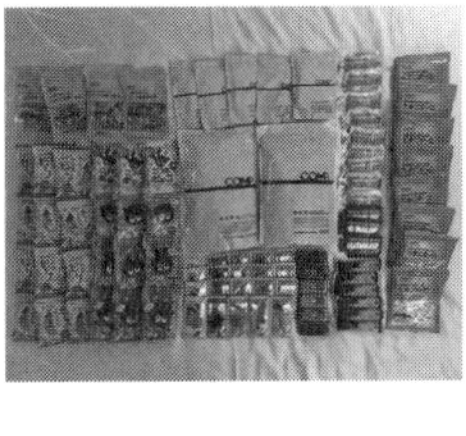

四日分の食料の一例。

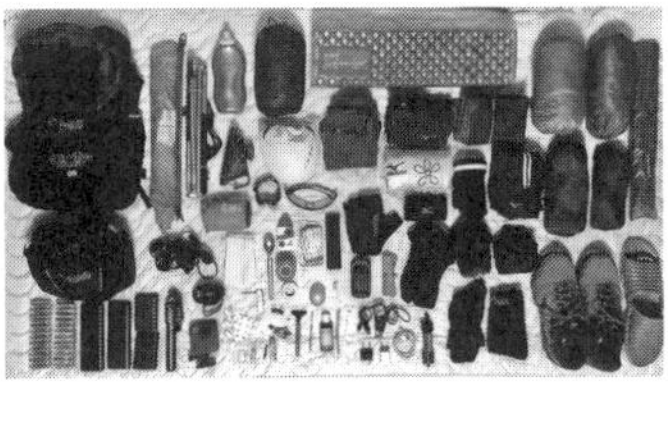

ピレネー山脈横断時の装備。これに食料が加わる。

は〇～五度、日中は四十五～五十度になる。日中はTシャツに短パン、夜はダウンジャケットを身につけます。そのぶん、持ちはこぶ着がえも大量です。体調を崩しても、走らないわけにいかないから、薬を飲んでがまんして走る。

南極のレースだと、走ってる最中に用を足したくなっても、そのへんで適当にすませるわけにいかない。南極は気温が低く、生物の種類も少ないので、有機物である排泄物《はいせつぶつ》を放置すると、地衣類《ちいるい》（菌の仲間）などの生態系に強く影響を与えてしまうんです。なので、ポイントごとに設置された簡易トイレまでがまんしないといけない。おなかが痛くなったらホント地獄ですよね（笑）。

二〇一八年八月のピレネー山脈レースは、主催者側の都合で直前にレースが中止になっちゃったんです。でも参加者としては、一年もまえから準備してるので走りたい。なので、レースとは関係なく有志でそのコースを走ることにしたんです。総走行距離八百五十八キロ、累計標高差四万五千メートル。走行時間は十八日間で、いままで経験したなかで最長でした。レースじゃなくああいう場所を走るっていうのは、スタッフもいなければライフベース☆もない、つまり安全がまったく保障されてないってことなんです。装備も大幅に増えてたいへんでした。

装備は、食料、着がえ、テントなど、場合によって総重量二十キロくらいになるときもありますよ。それを背負って何百キロも走るんです。

ピレネー山脈のマラソンで荷物を背負ったまま水を飲む北田さん。水は現地調達することもある。

☆ライフベース
コースの何か所かに設置される休憩所。レースによっては、食料のほか、シャワーや寝床が用意されていたり、医師が待機していたりする場合もあるが、すべてを補うことはできないため、必要なものは自分で背負って走ることが基本となる。

二十キロって、子どもひとり背負ってるようなもんだよ？　それで数百キロ？　か、過酷すぎる！　完走率が半分以下のレースがざらにあるっていうのも納得だ。さて、レースのことはわかったけど、ふだんはどんな生活をしてるの？

トレーニングが生活の中心です

マラソン大会でのゲストランナーや、企業や学校での講演活動もしつつ、基本的にはトレーニングを中心に生活を組み立ててます。トレーナーさんには週に一、二回、体のケアをしてもらうけど、ジムに通ったりとかはしなくて、とにかく毎日走ってばっかり。たまに本番を想定して長い距離も走ります。つぎは京都の経ヶ岬から和歌山の串本まで、四百キロを一週間くらいかけて走り、近畿を縦断するつもりです。道は舗装されてるし、コンビニはいくらでもあるし、携帯もつながりますからね。テントをかついで走るので、夜はそれで寝ます。

毎晩、三十分くらいかけてストレッチして、体も心も落ち着かせて、寝るのは夜十～十二時くらいですかね。朝は七～八時に起きてます。

食事はふつうに一汁三菜です。栄養も考えながら、自分にあったものは食べる

グランドキャニオン二百七十三キロが舞台のレースで、岩山をよじ登る。

チリのアタカマ砂漠二百五十キロを駆けぬけるレースの途中で。

ようにしてます。サプリメントやプロテインは飲みますけどね。実家ぐらしなので、家での食事は母がつくってくれます。

体力はもちろんだけど、こういうレースで必要なのはメンタルなんです。強い心をつくるためには、どれだけのものをレースにつぎこめるか。時間、お金、人生、命――難しく感じるかもしれないけど、細分化していくと、ようするに自分を律することです。睡眠時間をじゅうぶんとるとか、ストレッチをするとか。最近、お酒もやめましたし。そういうのが五十個とか百個とかつみ重なっていけば、強い心をつくることができます。

なるほど、ふだんはそんなに特別なことをしてるわけじゃないんだね。家でおいしいごはんを食べて、夜はちゃんと寝て、っていう生活が大事ってわけだ。若いうちって、早く独立したくて家を飛びだしたがるもんだけど、やりたいことに取り組むうえで、実家の支援はやっぱりすごく助けになる。

では、いったい、いつからこの競技をやってるの？

南極の百七十六・一キロを走破したレースで。踏みだす足が雪に沈む。

アイスランド二百五十キロのレースで、川を歩いて渡る。

走ることが忘れられなかった

ぼく、小さいころからかけっこが好きだったんです。たまたま走るのが速くて、それでより好きになって、中、高、大と陸上部に。長距離じゃなくて短距離・四百メートルの選手でした。インターハイでは近畿で、インターカレッジでは全国で三位までいきました。でも、陸上で食べていけるほどのレベルじゃなかったんです。短距離選手って、昔はオリンピックに出るレベルじゃないとなかなか道はなくて。いまは桐生祥秀《きりゅうよしひで》くんみたいにプロ契約☆してる選手もだいぶ出てきたとはいえ、それでも少ないです。駅伝とかマラソンとか、長距離はテレビ放送もされやすくて企業も宣伝になるので、プロ契約はしやすい。でもぼくは短距離だったし、社会で活躍したい思いも強かったので、陸上は大学ですっぱりやめて、食品用器メーカーに就職しました。

でも、社会人三、四年目、二十五、六歳のときに、もういちどチャレンジしたいっていう気持ちがわいてきたんです。仕事はすごくおもしろかったけど、やっぱり競技者として世界をねらいたかった。でも、短距離では過去の自分を超えられない。そこで、いちばん過酷なことをしようと、トライアスロンに挑戦することにしたんです。まずは大阪マラソンとかに出て体を慣らしていきました。

☆**プロ契約**
自分の力でスポンサー（広告主）と契約を結んで援助を得ながら、競技生活をおくること。陸上選手は、実業団（企業のチーム）に所属して、社員として給料をもらい、支援を受けながら競技をする人が多い。

初マラソンのタイムは四時間四十三分、富士登山では高山病にかかり八合目でリタイア。でも四年間、あきらめずにチャレンジしつづけ、ついに国内でいちばん長くて難易度の高いトライアスロン「アイアンマン」を走破することができました。さらにいろいろ探してたら、アドベンチャーマラソンという競技に出会ったんです。五年前、三十歳のときです。

会社もやめました。八年間のサラリーマン生活で、あるていどお金も貯めてたし、短期間で結果を出すためには時間が必要ですから。アスリートとしての活動時間を捻出するために、はじめは飲食店と、勤務中も走れるランニングステーションっていうジムのようなところでアルバイトしてました。

いちどは手放した夢を、もういちどたぐり寄せた行動力と精神力はほんとにすごい！　いったいなぜ、そこまでアドベンチャーマラソンに取り組むの？

伝えることへの情熱

たしかに、なんでこんなことやってるんかなって、自分でも思いますね（笑）。

レースの大きな魅力のひとつは、世界の絶景に出会えることです。はてしない

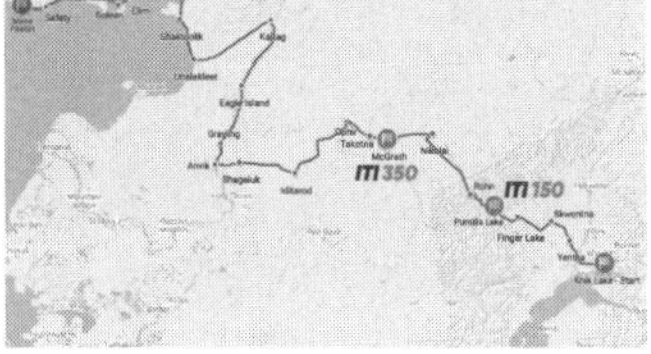

極寒のアラスカを走るマラソンのコース。数字はマイル（約一・六キロ）。北田さんは二〇一九年に百五十マイルを走破し、二〇二二年に最長の千マイルに挑戦予定だという。

ゴビ砂漠、アイスランドの火山地帯、雄大なグランド・キャニオン――そこに行った者しか体験できない感動があります。また、そこを走りおえたとき、達成感と、自分自身がすごく成長できた実感があるんです。

世界各国から参加者が集まって、一～二週間レースをするので、世界中の人たちと仲よくなれるのも魅力です。並走したり、夜にいっしょに食事したり。食事といっても、シリアルかじってるだけですけど（笑）。レース後もSNSでやりとりしたり。プロのランナーだけじゃなく、会社員、弁護士や税理士、経営者も多いですね。みんな、アクティブで魅力的だし、社会で活躍してる人が多いんです。コミュニケーションはおもに英語。あんまりしゃべれなくても、気持ちで伝わるもんですよ（笑）。

あと、ぼくは自分が感じた喜びを人に伝えたいっていう思いがすごく強いんです。感動した景色や、ぼくが感じたことを、たくさんの人たちに届けたい。なので、カメラや機材を持っていって、映像を撮ってるんです。走りながら手持ちカメラで撮ってる人はいるけど、カメラを三脚に固定して、自分が走ってるところを撮って、回収してまた走って、なんて奇妙なことしてるのはぼくくらいですね（笑）。でもぼくにとっては、レースで一位をめざすことと同じくらい、伝えるのも大事なんです。

ゴビ砂漠に横たわる動物の骨。

南極ではペンギンに遭遇。

それって、単純にめちゃくちゃタイムロスしてるんじゃないの？　どんだけ伝えたいんだよ、この人！

そんな北田さん、つぎに挑戦する予定のレースがすでにいくつもあるらしいので、リストを見せてもらったら……、猛獣や感染病の危険があるジャングルを二百三十キロ進むレースとか、エベレストを八百五十キロ進むレースとか、日本人初挑戦、完走率三三％とかいうものばかり！　や、やめとけ〜！

つぎなる目標は……

七大陸走破を達成したので、今後はより難易度の高いレースを、二〇二二年までの四年間で制覇していく計画です。寒いところ、暑いところ、ジャングル、山の四つのジャンルで世界最高峰のレースを制覇するのが目標なんです。

早いものだと二年前からエントリーがはじまって、本格的に準備をはじめるのは一年前ぐらいですね。経験者に話を聞いたり、近い環境でトレーニングしたり、必要な装備品の提供を企業に相談したり購入したり。完走できないどころか死んじゃう可能性も高いですからね。ほんと残念なことに、死ぬ人はいるんです。

そうならないために、入念な準備とトレーニングが必要です。できるかぎり過

ともに挑戦したランナーたちと。左端が北田さん。

酷な状況を想定して、たとえば嵐の日に登山するとか、真冬の網走《あばしり》でマラソンするとか、ですかね。獣の対応はちょっと考えないといけないなあ。トラとかが出たら、どうしよう……。武器は重いから持っていけないので、肉弾戦しかないよね（笑）。でも、動物より、目に見えない感染症のほうが危険です。予防法や治療法が確立されていないマイナーな病気も無数にありますから。

いや、トラに素手じゃ勝てないでしょ！　カメラを持っていく余裕があるなら、武器も持っていったほうがいいんじゃないかな！
正直、死なないまでも、ここまで過酷な競技なら、長く続けられる仕事じゃないような気がする……。そのへんはどうなの？

これからがピーク、世界シリーズもつくりたい

いや、こういうレースに必要なのは、体力よりも、知識と経験値、そしてメンタルなんです。なので、それらのバランスがいちばんとれている四十歳くらいがピーク年齢です。六十代で現役の方も大勢いますよ。速さを競うレースというよりは、生き残ることを競うサバイバルという意味あいが強い。テレビ番組「世界

北極圏のスウェーデン、二百三十キロのレースで。夜の暗闇のなか、ヘッドランプひとつを頼りに走るのもサバイバル。

の果てまでイッテQ!」でイモトさんの登山のサポートをしているガイドさんたちにも、五十~六十代の方は多いし、八十代で現役の冒険家・三浦雄一郎さんみたいな方もいる。体力以外も磨きつづけていけば、じゅうぶんにできる競技です。

大きな目標としては、大会をつくりたいんです。こういう大会って、小さなイベント会社や、一般の家族が主催してる場合もあって、運営するのに資格が必要なわけでもない。ちょっとしたマラソンイベントをつくるのと同じ感覚です。ただ、コースが大自然で、距離が長いってだけ。日本だと真冬の網走・知床《しれとこ》と、真夏の奄美《あまみ》で開催したいですね。五日間で二百キロくらいが参加しやすいかな。

できれば、世界シリーズをつくりたいんですよ。F1みたいに、第一戦日本、第二戦イタリア、第三戦アフリカとか。そういうの、いまないんです。そのためには競技者としての実力と、世界的なネットワークを構築しないと。まずは圧倒的な実績と価値を身につけて、絶景や感動をたくさんの人に伝える活動もしていきたいです。講演、出版、メディアでも展開しつつ、着実に進んでいくつもりです。

さて、ここで気になるのはお金の話だ。これだけ命を削ってやって、いったい、いくらくらいの収入になるの? レースの賞金で生活してるのかな?

イタリアの山岳地帯四百キロのレースにて。疲れはててこんな顔になってしまうことも当然ある。

参加費に百五十万円！

いえいえ、賞金なんて出ないですよ。むしろ参加費がかかります。マラソン大会とかもそうでしょ？　ピレネーは千ユーロ（約十三万円）くらいで、参加費としては安いほうでした。高いのは四十万円とか百万円とか、南極は百五十万円だったかな。自腹ではキツいので、七大陸制覇をめざしてたときは、クラウドファンディング☆で資金を募ることもしました。百二十人くらい集まって、合計で九十万円くらい出資していただきました。でも、それだけで経費がまかなえるわけではないです。

いま、ぼくはスポーツメーカーのミズノや、サングラスメーカーのデュークと年間契約をしていて、そこからいただくお金もあります。

両社とも、何年もまえから愛用していたシューズやサングラスのメーカーで、二〇一五年に知り合いに紹介してもらって、レースで使うアイテムを提供してもらうところからはじまりました。いままでは、商品の使用感をフィードバックしたり、ランナーが喜ぶ新しい機能を提案したり、ウェブサイトやカタログにモデル出演したり、ランニングイベントにゲスト出演したりアドバイスをしたりと、幅広くいっしょに取り組んでいます。二〇一八年からは、その対価として金銭をいただ

☆**クラウドファンディング**
あるプロジェクトを達成するため、インターネットを通じて不特定多数の人に呼びかけ、共感してくれた人から資金を調達する方法。募金のような寄付型、支援額におうじてモノやサービスの「リターン」がもらえる購入型など、いろんな種類がある。

くようになりました。

参加費百五十万円て！　レースの内容だけじゃなく、金銭面でもハードなスポーツなんだな〜！　これはいろんな意味で遊びじゃできないね。ボクサーもファイトマネーじゃ食べていけないってよく言うし、アスリートにとって、しっかりした収入源を確保することはほんとうに重要だ。どうやら北田さんは、ほかにもいろいろ策を練ってるみたい。

ファンクラブ会員募集中

講演料も大きいですね。一回十万〜二十万円くらいで、平均すると月に一回くらい、企業や学校で講演しています。テレビ番組の「情熱大陸」に出演させてもらったことで、ちょっと箔《はく》がつきました（笑）。あとはイベントの出演料とか、雑誌取材の謝礼とか。いろんな方からの個人的な支援にもすごく救われてます。

いまはなんとかそれで生活できてますが、余裕はないですね。レースの参加費をはじめ、もろもろの必要経費が年間三百万円以上はかかりますから、三百万円稼《かせ》いでも赤字なんですよ。新しく何かを展開するなら、もっと必要になります。

過酷なレースを走るには、さまざまなウェアや道具が必要になる。

そこで、昨年から自分のウェブサイト上で、個人サポーターを募りはじめたんです。ファンクラブみたいなイメージですね。年会費が一万円で、目標は千人。リターンとして、レースの写真や体験記をまとめた本や、走破メダル入りのお守りや、オリジナルグッズをさしあげたりします。今年の目標は五百人。この態勢がしっかり整えば、マネージャーも雇えますし、プロのカメラマンに同行してもらって、よりおもしろい映像をみなさんに還元できますから。大勢の人と話して、もっとこの活動を伝えていきたいです。

アイドルやミュージシャンならファンクラブがあるのは一般的だけど、たしかに、アスリートでもアリだよね。アドベンチャーマラソンって、日本ではまだまだ未開拓のジャンルだから、この分野において北田さんは文字どおりトップランナー。本や映像といったリターンも用意しやすい。やりたいこと、実力、システムがうまくかみあってるってわけだ。

やりたいことを長く続けていくためには、なんらかのかたちでお金を生みだしていかなくちゃいけない。その点でも、北田さんはチャレンジしつづけてる！ではそんなチャレンジャー・北田さんから、みんなへのメッセージは？

これが走破メダル。そのお味は？

登ってみれば、何かが見える

チャレンジすることはおもしろい、って思ってほしいですね。成功とか失敗とか考えるとなんにもできないから。自信がなくても、まずは一歩踏みだす。成功よりも成長を楽しんでほしいです。

だれかみたいになりたい、ちやほやされたい、お金稼ぎたい、海外に行きたい――さきざきの目標なんて、漠然としたビジョンでいいんですよ。あとは短期目標でいい。とりあえずマラソン走りたいとか、とりあえずあの大学見たいとか。

結局、行かないとわからないんですよね。ぼくはわからなかったんですよ。その山に登ってみないと、ぜったいにつぎの景色は見えない。大学に入らないと、そこで学べることもわからないし、つぎにめざせるものもわからない。とりあえずやりたいことが目先にあるならやってみて、また考えて、つぎにやりたいことをめざしたらいいんです。

こわいけど、ぼくもアドベンチャーマラソンに挑戦してみようかな！　そんなふうにぼくが言ったら、北田さんは「ジャングル二百三十キロレースがいいんじゃないですか？」と言う。いきなりそんなの無理に決まってんだろ！

どんな景色が待っているのかは、登ってみないとわからない。

完走をめざすからダメなんです。失敗でいいんですよ。まちがいなく成長するし、どこでリタイアしても、一生語るようなネタができますよ。二百キロまで行けた、一日で音を上げた、どっちもおもしろい。そこに行くために準備したこと、二十キロでリタイアしたときのくやしさ、その経験や気持ちがきっとつぎにつながります。

ただ、リタイアしますって言っても、すぐ助けには来てくれないですけどね(笑)。電波が入らない場所も多いんで、最低、つぎのライフベースまでは自力で行かないと。

死ぬのはダメですよ。でも死なければ、たいていのことはだいじょうぶです。

うん、やっぱりやめとくよ！　たぶん、ぼく、死ぬと思うからね！

最高の笑顔でフィニッシュ。ゴールの先にも、つぎの冒険が待っている。

［先輩］No.4

デストロイヤー トミモトリエ

大阪に「デストロイヤー」っていう謎《なぞ》の職業の女がいるらしい。デストロイする人、つまり壊し屋。聞いたことないけど、ビルの解体業者みたいな仕事が頭に浮かぶ。それが女性っていうのもおもしろそうだ。フェイスブックを通じてインタビューを申し出ると、快諾してくれた。だが、「靭《うつぼ》公園の近くのカンテグランデで、食事しながらお話を」と、オシャレなエスニック・カフェを指定される。当日、現れたのは、ピンクの髪の毛をボブカットにそろえ、雑貨屋系のワンピースを着たインパクト抜群の女性だった。

トミモトさんが口を開いた。そこからはトークの機銃掃射！　恐るべき早口と情報量。キャラクターがぶっ飛びすぎてる……。圧倒されるぼくの目の前で、カレーとナンがみるみる冷めていった。

KEYWORD

- 洋服屋
- デザイナー
- ブロガー
- ウェブ制作会社
- 広報
- ダダ漏れ
- 東京信仰

19のパーカーで大ブレイク

私、もともとは東京の美大でテキスタイルデザインを学んでたんです。布を染色したり、デザインした生地を使って洋服をつくったりもしてました。でも、病気で美大を中退して、高円寺にある古着屋で働きはじめたんです。で、働きながら自分でも服をつくってたんですけど、けっこう評判がよくて、オーナーから、その店を自由にしていいよと言われて、古着とインディーズブランドを扱うセレクトショップにリニューアルしたんです。そこで、自分で好きにつくったTシャツとパーカーを売りはじめました。「毒」っていう漢字を毒々しい色でプリントしたのと、「苺」っていう漢字をかわいい色でプリントしただけなんですけど(笑)。この二文字、似てるじゃないですか。

そしたら、当時人気絶頂だった19(ジューク)ってバンドのケンジくんが店に来て、色違いでパーカーを四着くらい買ってミュージックビデオで着てくれたんです。それで北海道からファンが買いにくるほどブームになって、いっときは高円寺中にそのパーカーやTシャツを着てる人があふれた。『smart』とか『CUTiE』とかのファッション誌にも載《の》って、巻末の通販コーナーで当時の最高売り上げを更新、あっというまに店舗が七つに増えました。

洋服屋時代にデザインした服。右端が毒Tシャツ。

でも、それって私がまだ二十代前半のときなんですよ。完全にキャパオーバーなんです。だから途中で力つきて、ノイローゼになって続けられなくなりました。

ひきこもりのおかげでブロガーデビュー

そのあと、ひきこもったり、アメリカを放浪したりして三年くらいたって、また洋服屋の仕事をしたりしてたけど、私のしたいのは洋服づくりじゃなくデザインそのものなんだって気づいて、あるIT系の会社☆に入ったんです。以前、マキシマム ザ ホルモンっていうバンドのTシャツをつくってたことがあって、面接を担当した社員がマキシマム ザ ホルモンのファンだったので、即採用でした（笑）。

最初はデザイナーとして入ったけど、会社が新しいインターネットサービスを立ち上げることになって、その広報担当になったんです。私、ひきこもり時代にやってたHabbo Hotelっていうネットゲームの友だちがめっちゃいて、当時全盛のSNSだったミクシィの友だちの数も社内一だったので、ネットの友だちの多さを評価されて。

はじめのミッションは、このサービスのファンをつくるために、まずアルファ版（開発初期版）を出して、テストユーザーを二百人登録させること。そこで、影響力の強いブログを書いているアルファブロガーに紹介記事を書いてもらおうと、私

☆**IT系の会社** インターネットにかかわる仕事をする会社。パソコンやソフトの開発、ウェブサイトの制作やアプリの開発、インターネットに接続するためのサービスの提供など、得意分野ごとにさまざまな会社がある。

トミモトさんデザインのシャツを着てポーズをとるマキシマム ザ ホルモンのナヲとダイスケはん。

もブロガーになって友だちになる作戦に出たんです。二〇〇七年、二十七〜二十八歳のときですね。ちょうどそのころ、海外でUstreamっていう動画共有サービスがはじまって、これおもしろいなと思って、ブログで毎日、自分を動画で生中継するのをはじめました。

それを一週間ぐらいやってたら、アルファブロガーのひとりで、「小鳥ピヨピヨ」っていうブログをやっている人が、「自分を生中継しているダダ漏れ女子がいる」と紹介してくれたんですよ。私はただ本名を出して、動画で自分を生中継しただけなんですけど、当時はインターネットは匿名があたりまえで、ユーチューバーもいないから、「新しい時代が訪れる」ってすごく評価してくれた。そしたら、さらに「ザイーガ」「ネタフル」という超有名ブログでも紹介してくれて、はじめたばかりのブログが一日十万PVを達成。その日がたまたまアルファ版公開の日で、「うちの会社のサービスのテストユーザー募集中です」って書いたら、すぐに二百人集まってしまいました。

奇跡を起こすのが仕事でした

その後、一年間くらい毎日、自分の生中継を続けてたけど、結局そのブログの目的だったサービスは正式にリリースされずに終わってしまったんです。それに、

トミモトさん初のブログ。画面右で生中継動画が流れる。

「自分屋24」のサイト。トミモトさんの全予定をチェックできる。

私も会社と会社とでじゃなくて、人と人とで仕事したいっていう思いがあって、会社をやめて、ひとりで「自分屋24」っていう人間レンタルサービスをはじめました。自分をつねに生中継、現在地もスケジュールも公開して、空いてる時間に自分を貸し出してなんでもします、報酬もお任せしますっていうサービスです。ダダ漏れ女子たるもの、もっとダダ漏れていかなきゃって思って(笑)。

屋台の焼き鳥屋さんの依頼で、スーパーの店頭で焼き鳥焼いたり、IT系のスクールをやっている会社のパソコンぜんぶに「フォトショップ」や「イラストレーター」などのソフトを一日でインストールしたり、ママさんフラダンスサークルのメンバーの子どもたち十人ぐらいを子守したり。KREVAのコンサートにいっしょに行ってくれっていう依頼もありました。私、KREVAの曲ぜんぜん知らないのに、前から二列目の真ん中っていうめちゃくちゃいい席で。KREVAとも目があう距離だから、ファンを装わなきゃいけない(笑)。報酬はお金じゃなくてもよくて、万年筆もらったり、フラのコスチュームもらったり。

もちろん、食っていけないんだけど、ある日、給料出すからそのサービスをうちでやってくれっていうウェブ制作会社が現れたんですよ。月給は三十五万円くらいでした。依頼者からもらった報酬は、ボールペンとかもぜんぶ、会社に納品していました。

自分屋24として、依頼者の会社のパソコンにソフトをインストール。

同じく自分屋24として、新宿ゴールデン街のバーに出動し、一日お手伝い。

会社としてはべつに自分屋にかぎらず、なんでもいいからおもしろいことやって、って感じだったので、自分屋は途中でやめて、「おごるTV」っていうサービスをはじめました。ふつうの人にごはんをおごってあげて、それをウェブ記事でレポートするだけなんですが、話題になって、ラジオやテレビでもとりあげられましたね。カンニング竹山さん主演の映画『守護天使』のプロモーションで、「勝手にお助けキャンペーン」っていうのをやってて、「おごるTV」とコラボさせてくれって依頼もありました。

これってぜんぶ、広報活動なんですよ。「私たちはこんなにおもしろいコンテンツ（中身）をつくれますよ〜、あなたの会社のホームページも私たちにまかせてみませんか？」って、私が体を張って宣伝してるんです。そのときの私の肩書は「ミラクラー」。話題をつくってメディアに露出して、奇跡（ミラクル）を起こすのが私の仕事でした。

っていうのをしばらく続けたあと、二〇一〇年にその会社をやめて、フリーランスになったんです。そのときに「クラッシャー」って名乗りはじめて、三年くらい活動したあと、二〇一四年に大阪に移住してきて、「株式会社人間」っていうへんなウェブ制作会社に入社することになったんです。はじめはもう少しふつうの会社に入るつもりだったんですけど（笑）。他社の面接を受ける直前に「人間」

毎年話題の「人間」の年賀状。この年は新年のご迷惑「煉瓦状」を取引先へ。厚さ三cm、重さ九百五十gの煉瓦に手書き。

からお誘いがあり……、なんか運命を感じて、その日のうちに入社を決めました。そのとき、「クラッシャー」よりもっと強そうな肩書きにバージョンアップしようと思って、「デストロイヤー」を名乗りはじめました。

アイデアもバイタリティーも、すべてにおいて過剰のひと言！　やりたいことを二〇〇％やりきるっていう姿勢が全身にあふれてる。
だって「自分屋」とか、思いついてもふつうやらないよね？　発想がすごくマンガ的で、行動もムチャクチャなんだけど、不思議と時代のニーズとあっていたり、人の求めるものを提供できてたりするんだよね。「奇跡」ってひと言ではかたづけられない何かがある。
さあ、ここまではトミモトさんの経歴を飲みこむので精いっぱいだったけど、ようやく出てきた「デストロイヤー」っていう単語！　いまのところ、爆破解体なんてまったくしそうにないけど、その全貌は？

「デストロイヤー」って、なんなんですか？

当時のネットの世界では、みんな猫の写真をアイコンにして、よくわからない

トミモトさんが担当したバレンタイン・イベント「トキメキ迷宮からの招待状」。イケメンからモテまくりながらヒントをもらい、謎を解く。驚くほど好評で、参加者の悶絶の声が絶えなかった。

ハンドルネームをつけるのがあたりまえでしたよね。それに対して、なんで本名じゃいけないんだろうって疑問をもったんです。本名で顔出しして生中継ぐらいしていいじゃんって。それを小鳥ピヨピヨとかが紹介してくれたのも、当時は「なぜかすごい人が見つけてくれて奇跡だー」とか思ってたけど、ちゃんとワケがあった。それが、世の中であたりまえだと思われてることに対して疑問をもって、そこから踏みだすこと、つまり「壊す」ことだったんです。だから、デザイナーじゃなくてデストロイヤーって名乗ることにしたんです。

デザイナーの仕事って、「こういう感じのもの、つくってください～」って、すでにある何かをなぞるような依頼が多いんですよ。デザイナーも盲目的にそれをつくってしまう。でも、それって、ペンキを塗りかえるぐらいの仕事でしかない。かっこいい絵を描くとか、一ピクセルの差を埋めるとかはほんらいのデザインじゃないんです。なぜそれをつくってほしいのか、心のなかを探る。みんな、本心を隠してたり、バリア張ったりしてるけど、そういうのをガンガン壊して、限界突破させてあげるのが、デストロイヤーの仕事です。破壊がなければ創造はない。それがすべてにつながってるんです。

めちゃくちゃ知的な職業じゃないか！　それまでやってたデザインとかウェブ制作の仕事の本質をつきつめていった結果、そこに行きついたわけか。じゃあ、具体的には、毎日どういう感じで仕事してるの？

頭をかち割ってやるんです

「人間」は企画・制作会社なので、業務内容としては、広告や宣伝、イベントの企画・制作がメインになります。私はディレクターのポジションで、コンサルタント（アドバイス役）やカウンセラー（相談役）に近いですね。クライアント（依頼主）の心にズカズカと入って、「ほんとうにやりたいのは○○じゃないですか？」と、つっこんでいく。核心に迫るまで「なんで？」をくり返して、頭をかち割ってやる。話しているうちに、「そっちのほうがおもろいやん！」っていうアイデアが出てきたりして、限界が壊されていくんです。

企業のブランディング☆をしたりもします。多くの会社では、社長が掲げる企業理念の意味を、社員が表面的にしか理解していなかったりするんですね。そこで、社長のことばを翻訳して、それを壊してあげる。会社と会社としてではなく、あくまでもひとりの人間どうしとして本気でぶつかって、担当者にも本気になって

☆**ブランディング**
企業や商品のイメージ＝ブランドを多くの消費者に認知してもらう活動。ウェブサイトでの発信のほか、テレビCMやインターネット広告、ポスターなどあらゆる媒体、手段を駆使する。

もらう。これもデストロイのひとつです。

近畿大学の広報の仕事もしています。最初はコンペ☆だったんですが、企画はもちろん、デストロイヤーの肩書きを気に入ってくれたみたいで、通りました。うちに仕事を依頼してくる大学って、かなりぶっ飛んでますよ。近大は、いままで伝統を大事にしてきた「大学」という枠を壊して、広報戦略によって志願者数全国一位になった大学なんです。ある意味、もともと壊れてたのかもしれない(笑)。私たちはそこで、オープンキャンパスでのイベントを企画したり、大学のニュースを配信するウェブメディア「Kindai Picks」を運営したりしてます。そこで書く記事も、求められてるのは「おもしろいこと」。

仕事が終わるのは遅いですね。夜十一時はあたりまえ。そのかわりフレックスで、何時に行っても帰ってもいい。家でも、どこで仕事してもいい。わざと朝遅くしたり、逆に早く帰ったり、体調やペースを見極めてコントロールしてます。土日は、イベントの仕事が入らなければ完全にオフ。キャンプやフェスで思いっきりハジケたり、昼から西成(大阪)の汚い立ち飲み屋で飲んだり(笑)。そういう店の壁に染みこんだ人間ドラマを感じるのが好きなんです。ふだんと違う世界に行きたいんですよね。

☆コンペ
コンペはcompetition(競争)で、仕事を依頼する業者を選ぶ方法のひとつ。依頼者の出す条件にあわせて、複数の業者がそれぞれ企画や予算を提案して競いあい、選ばれた業者だけがその仕事をもらえる、というもの。

大阪・難波の大衆酒場の前で。西成にかぎらず、各地の酒場をめぐる。

公園のベンチで。朝まで飲んで、こうなることも。

「自分屋」とかで二十四時間ダダ漏れしまくってたことを考えると、ちゃんとオンとオフを切りかえてるのは意外だね。

あと、近大に打ち合わせに行くときは、わざわざ髪の毛をピンクにして行くらしい。「おもしろくしとかないと、仕事くれないんですよ」って、どんなバランス感覚なの？ でも、闇雲におかしなことをやってるんじゃなくて、その根本には「壊す」って明確なルールがあるわけだ。

そんなトミモトさんの壊すターゲットは、まだまだいっぱいあるみたい。

自転車と。じっさいの色は、髪の毛がピンクで、自転車のハンドル、タイヤ、かごが赤。

東京信仰も壊しました

いままでの自分を壊すことも大事です。自分のなかのハードディスクの容量の五〇～八〇%くらいを占めてるものがみんな一個くらいあって、それが自分のすべてだって思ってる。でも意外と一〇%くらいのもの、たとえば家族とか料理とか、なんでもないと思ってるもののほうが大事なんです。だから、八〇%くらいべつに壊してしまっていい。かつての私は洋服がほとんどを占めてて、洋服しかやりたくなかった。でもそれを壊してみたら、インターネットとか、新しいことに取り組めた。壊してしまえば、なんでも新しいことを八〇%でできるんです。

仕事でも恋愛でも、惰性で続いてるのはよくない。愛着が強すぎると、逆に大事なことを見失うから。あれだけがんばって続けてたブログも、消したら気持ちよかったですね。まあ、サーバーの更新さぼってたら消えてしまったんですけど(笑)。でも、そのくらいでいいんですよ。過去にすがったり、もったいなくてとっとくのはよくないです。

いままでいろいろ壊してきましたが、最新で壊したのは東京信仰です。私、東京生まれ・東京育ちで、自分の事務所も渋谷で、高円寺とかサブカルも大好き。自分のなかで大きな容量を占めてるなって思ったんで、東京をやめようって決めたんです。

それで大阪に来たんだけど、はじめは、大阪なんかダサいと思ってたんです。大阪って、なんでも大げさでしょ。「スーパー玉出☆」が象徴してる(笑)。東京じゃ、あんなに看板がぐいぐい飛びだしてこないんですよ。でも住んでみたら、東京じゃなくてぜんぜんよかったんだって気づいた。

東京って、東京にあこがれてる人たちがつくってる幻想の街だって思います。みんなでいっせいに背伸びしてるような息苦しさがある。おいしくないけど高いおしゃれなカフェで満足してるみたいな。みんなが東京っていう枠に組みこまれてるんです。

☆**スーパー玉出**
大阪で知らぬ人はいない、電飾つき巨大看板を掲げる激安スーパー。その夜の姿をはじめて見た人はパチンコ店とまちがうこともある。「日本一の安売王」を名乗るとおり、毎日のように一円セールがあり、総菜や弁当も不安になるほど安い。

大阪って、それがないんですよね。自然体じゃないですか。なんでも受け入れてくれるし、おもしろけりゃいいじゃんってなる。大阪だと、おしゃれなだけの店って、わかりやすくどんどんつぶれてくんですよ。あのパンケーキの店、もうなくなったな〜、みたいな。地に足がついてる。だから居心地がよくて、らくになったんですよね。背伸びをいっさいしなくてよくなった。

自分のなかで宗教みたいに信じてることって、壊してみると意外とたいしたことない。大阪に来てよかったです。いまじゃ玉出を好きすぎて、玉出がどこかの会社に買収されたのが悲しすぎて。同僚の大阪人たちはぜんぜん悲しんでないのに（笑）。

玉出の話はもういいよ！　大阪＝スーパー玉出じゃないからね？　大阪を好きって言ってくれるのはうれしいけど、ちょっと大阪を誤解してへんかな？
そんな玉出大好きトミモトさんから、みんなへのメッセージを聞いてみよう。

玉出の前で記念撮影。トミモトさんにとって玉出は大阪最高峰のアミューズメント施設だという。

コントローラーを自分で握ってみる

私、小学校の九九のテストで、ゼロの段の意味がぜんぜんわからなかったんです。ゼロっていう概念がいまでもわかんない。インド人すげえなって（笑）。それで、九九のテストでゼロのかけ算だけ無回答で出したら、放課後残されて、先生に「覚えればいい」って言われたんだけど、それが納得できなくて。

でも、そういう疑問って大事なんですよ。ふつうは多数派の意見に飲みこまれますよね。全校生徒のなかで私だけがわかってないとか言われたら、自分が悪いのかなって思うじゃないですか。でも、そこに疑問をもちつづけたのはすごく大事だったなって思います。そこが私のやってるデストロイの根源でもあり、ある人にはすごく刺さるメッセージになって、世界を変えることもできるんです。

私が本名で顔出ししたとき、みんなが新しいって言ったけど、いまやふつうにみんな顔出しして、ユーチューバーってあこがれの職業にまでなってる。自分が変わらなくても社会は変わる。だから、ほんとうに自分がこうだと思ったことを信じつづけてほしいです。

私、小さいころ、父親にボコボコに殴られまくって育ってきたんですよ。でも親も、親になるのはじめてだし、子どもの育て方がわかんなかったんですよね。

それが原因かはわからないけど、私、ずっと躁鬱《そううつ》の症状があって。状態がいいときは仕事もできるんだけど、鬱の波に入るとひどい。だれとも会えなくて、「死ね死ね死ね」とか「ピンポンピンポン」とかずっと幻聴が聞こえる。リストカッ

洋服のブランドを立ちあげるまえのトミモトさん。家賃六万円のボロい家に住んでいた。

トとかはしなかったけど、死にたくてしょうがなかった。

ある時期までは、自分がかってにこの世界に産みおとされて、ゲームの自動モードを眺めてるだけみたいな感覚で生きてたんです。でも、二十代後半のある日、コントローラーを自分で握ってみようって意識を変えてみた。自分の人生、なんでも選べるとしたらどうするかって考えたとき、結局あの親を選ぶし、自分のぜんぶのパーツを選ぶし、このままでいいんだって思えた。自分は自分が選んだんだって考えたら、ぜんぶに責任をもてたんです。そしたら、親との接し方も変わったし、親も変わったし、いっきに人生が変わった。鬱もほぼなくなりました。ずっと自分を救ってくれる何かを探してたけど、自分を救うのは自分だったんです。親ともいまはすごく仲いいですよ。

壊れるってことは、はじめられるってこと

東日本大震災のあと少しして、妹がガンで亡くなったんです。その一週間くらいまえ、母親がいきなり、「私のお父さんはほんとうのお父さんじゃないんだ」ってカミングアウトしたんですよ。母は、おばあちゃんがどこかで不倫してできた子どもで、ほんとうの父親がだれか打ち明けずに、おばあちゃんも死んじゃった。

私がいままでおじいちゃんだと思ってた人は、ほんとうのおじいちゃんじゃな

高円寺か新宿の飲み屋で飲んだくれていたころ。いまも昔も、酒好きなのは変わらない。

かったんです。でもなんか納得してしまって。だって、お母さんの弟（おじいちゃんのほんとうの息子）は、めっちゃ頭よくて、東大出て歯医者になってるんですよ。そっちの家系はみんな頭いいんです。なんかおかしいなとは思ってた（笑）。

つまり、じつは私が何者なのかわからない。もしかしたら中国とかの血が入ってるかもしれないし、道ですれ違った人がじつは私のいとこかもしれない。ハードディスクの容量を減らそうっていう話をしましたけど、私、ハードディスク自体が謎のメーカーのものだったんです。でも、それって、あらゆる可能性を秘めてるってことなんですよね。信じてたものが壊されるって、最高なんですよ。壊れるってことは、はじめられるってことだから。おじいちゃんがだれだかわからないって、最高じゃないですか？

いや、最高かどうかはわかんないけど、自分が何者かわからないのって、ちょっとロマンがあるよね。「おまえは私のほんとうの子どもじゃない」とか、一生にいちどは言われてみたい。あと、王家の血を引いてるとか、世界を救う使命を帯びてるとか……あれ、これじゃただの中二病か！

有北雅彦はこれで食べてます??

進路指導講師
1～2万円くらい～／1回
（時間と内容による）
遠方だと一日仕事になる

この本の著者印税
本体価格×部数×10%
みんな買って！

京都ドーナッツクラブ（翻訳会社）
5万円／1か月
（HP管理や広報活動によるもの）
翻訳は別料金

インターネット記事の執筆
1～2万円くらい～／1件
（文字数と取材・撮影の有無による）
取材があると時間がかかる

ツアーガイド・アシスタント
9000円／1回
飛行機が遅れると空港で待ちぼうけ

イタリア語教室の雑務
5000円／1回
教えてはいない。
むしろイタリア語の勉強になる

インターネット番組出演
2000円くらい／1回
（スタジオの観覧者数による）
なかば趣味！

かのうとおっさん主催演劇公演
「かのうとおっさん」は、かのう＝嘉納《かのう》みなこと、おっさん＝ぼくが1999年に旗揚げしたコメディーユニット。予算にもよるけど、数百人お客さんが来てくれればプラスになるかな。演劇は水モノだね！

どう？　「そんな仕事があるのか〜！」って、びっくりした？　だよね、ぼくもびっくりだ！　ぼくたちがふだん見てないだけで、世の中にはいろんな仕事の世界がある。それを知るには、自分の知ってる世界だけで満足するんじゃなくて、アンテナを広く張ることが大事だ。

自分に何ができるのかを把握して、トレーニングを積んで、ちゃんとまわりとかかわろうとすれば、仕事って、じつは自分でつくることができる。だれかのためになったり、何かを与えたり（「楽しさ」や「おもしろさ」なんてものかもしれない）すること、つまり、だれかに必要とされること、それが「働く」ってことなんだよね。

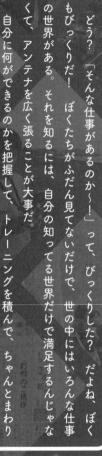

第二幕

新しい世界に飛びこみすぎ

おっと、そろそろ第二幕がはじまるぞ。つぎは、それまでやってた仕事を捨てて、まったく新しい生き方に飛びこんだ先輩たちが登場するよ！

[先輩] No.5

ドローン写真家

小林哲朗

[こばやし・てつろう]

ぼくが小林さんに会ったのは五年前の冬。大阪の南港で、とあるデザイン会社がコンペに出すという作品の撮影現場だった。ぼくは被写体、小林さんはカメラマン。そのころ、彼は保育士とカメラマンという二足のわらじを脱ぎ、カメラマンとして独り立ちしたばかりだった。それがいまでは写真集を何冊も出し、ドローンを駆使して撮影する工場写真が注目を集めてる。男子三日会わざれば、というけど、五年も会わざれば、人はここまで変わるんだな! ぼくが五年前から変わったのは、生え際が後退したことくらいだけどね!

そんな小林さんを呼びだして、仕事のことを洗いざらい聞いてみた。いま、どんな仕事をしているの? 漏れ聞いたところによると、工場ツアーをやっているとか?

KEYWORD

- ドローン
- テレビゲーム
- 廃墟
- 工場夜景
- カメラマン
- 保育士
- ブログ

工場夜景ツアーが大人気

はい、工場写真の分野で知ってもらえるようになったおかげで、工場にかかわる写真以外の仕事もすごくいただけるようになったんですよね。

大阪府高石市の夜の工場見学ツアーは、六年前からやってます。工場写真を撮るのにいい場所をぼくが選んで、コースの回り方とかをプロデュースして。もちろん、当日もいっしょに回りながら、写真の撮り方のレクチャーもします。写真を撮らない人には、工場の見どころをお話ししたりして。カメラマンっていうか、ツアコンに近い感じですね（笑）。

工場夜景ツアーは秋冬がシーズンです。夏は日の入りが遅いでしょう。はじまるのが遅いと帰るのも遅くなるので、あまりやらないんです。高石市は商工会議所さんが、市のイメージアップ、知名度アップのために熱心にツアーをされてるんです。このツアーのおかげで高石市の認知度が上がって、多いときは、四十名の定員のところに七百名くらい応募がありました。ピークはおさまったけど、それでも三〜四倍の倍率で応募があります。あのへんの工場地帯って、車じゃないと行けないし、個人では無理でも、ツアーでなら入れる場所もある。いろいろな条件が重なって、すごく人気なんです。

小林さんが撮影した岡山県倉敷市の水島コンビナート。日本でも有数の工場夜景スポットだ。

ゲーム感覚でドローンを

二〇一五年の十一月だったか、工場の夜景をドローン☆で撮れると知りました。ところが、一か月後にドローン規制法がはじまるって聞いて、駆けこみでドローンを買ったんです（笑）。そこからドローンにハマっちゃって。

もともと、「バイオハザード」とかのテレビゲームが昔から好きだったので、ドローンに抵抗なく入れたんです。ドローンの操作とプレステとかの３Ｄゲームって、感覚としては同じなんですよ。ドローンって、機体を直接見ながらも操作しますけど、遠くに行っちゃったりすると、手元のタブレットの映像を見ながら操作することもある。そうなると、テレビゲームみたいな感覚なんです。

それで、もともと好きだった工場夜景をドローンで撮るようになったんです。それがぼくのなかではかなりのブームになって、世間にも認知されて、仕事としても広がりましたね。高石市の夜景ツアーにはじまり、写真集の発売も、写真教室も。ドローンで動画を撮る人って多いんですけど、写真を撮る人っていないんですよね。だからよけいに注目されたっていうのはあるかもしれないです。

☆ドローン
小型無人航空機。地上を映すカメラがとりつけられていて、ラジコンのようにコントローラーで操縦しながら、映像や写真を撮影することができる。写真は本体（右）とリモコン。

五年前はドローンのドの字も言ってなかったのに、いつのまにかドローン写真家として有名に……！　小林さん、この数年で激変してるよね？　何がどう転がってこうなったの？

スーツを着る仕事がイヤで保育士に

ぼくは、生まれたのは沖縄なんですけど、その後はずっと兵庫県の尼崎市で育ちました。四人きょうだいの二番目です。親父がほんとうにダメな人で、中学生のときに蒸発しちゃったんですよ。なので、お金にも苦労しましたね。

ぼく、ほんとに進路のこと考えてなくてね。保育士になろうかなと思い立ったのは、高校三年生の末ですからね。スーツを着る仕事がイヤだったのと、弟と妹の面倒をよく見てたからか、子どもっておもしろいなっていうのが動機でした。でも、決めるのがあまりにも遅かったんで、受験できる学校がなくて……。卒業して一年間は浪人してました。そのあいだにピアノ教室に通って、勉強して、卒業したら保育士と幼稚園の先生の免許がもらえる専門学校に入りました。卒業後は、尼崎市内の保育園に就職しました。

小林さんが二〇一八年に出した写真集『夜の工場夜景――ドローン空撮写真集』（二迅社）。

ブログで廃墟写真を発表！

保育士としてふつうに働いてたころ、デジカメを買ったんです。それで写真を撮りたくて、ネットで調べて興味がわいた廃鉱山に行ったんですね。そしたら思ってた以上にかっこよくて、そこから廃墟マニアになってしまって（笑）。ひまさえあれば廃墟に通って写真を撮るようになりました。

ちょうど世の中にブログが出はじめた時代で、ぼくもせっかく撮った廃墟の写真を自慢したかったんで（笑）、ブログをはじめたんです。けっこう訪問者数も多くて、そのなかに廃墟が好きな編集者の人がいて、写真を提供してくれないかというお話をいただいたんです。雑誌で軍艦島の写真を使ってもらったりして、だんだん出版社の方たちとつながりができた。それで、あるとき、ぼくのほうから出版社に、写真集を出したいって提案しました。しばらく話が動かなかったけど、一年後に「出しましょう」ってなって、二〇〇八年に、写真集『廃墟ディスカバリー』（アスペクト）を出版することができたんです。

本を出したからといって、そんなに世界は変わらなかったですけどね（笑）。まあ、印税☆が入ったら新しい機材を買えてラッキーって感覚だったかな。いや、もちろんうれしかったですよ。ただ、つくるときはこだわってつくるんですけど、そ

保育士時代、趣味で廃墟の撮影にいきはじめたころの小林さん。廃鉱山の撮影を終えての一枚。

初の写真集『廃墟ディスカバリー』。

の後は意外と細部は忘れちゃうんですよね。ありがたいことにわりと売れたので、翌年には続編を出版するんですけど、それで廃墟写真は撮りつくしちゃった感もあって、工場写真のほうにのめりこんでいくんです。

ある日突然、保育士をやめる

そんななか、保育園の人間関係がちょっとしんどくなって、二〇一二年、三十五歳のときに保育士の仕事をやめたんです。写真集も出してるし、写真の道でいけるかな、って気軽にやめちゃって。じつはその三年前に結婚したんですけど、家に帰って奥さんに「仕事やめてきた」って言って……。しかもその年に子どもが生まれたんですよ。よく理解してくれたなって思いますね（笑）。

その後、とりあえず近所の写真会社に就職したんですけど、あまりにも労働条件がひどくて、半年でやめました。そこからはずっとフリーでやってます。

いやいや、奥さん、やさしすぎでしょう！　ふつう、朝仕事に出ていった夫が、のん気な顔で無職になって帰ってきたら、離婚を考えるレベルだよ？　それをやさしく受け入れてくれてる奥さんに脱帽だ。いまからでも遅くないから、小林さんはやめて、うちに嫁にきてみては？

☆**印税**
著作権をもつ著者に出版社から支払われる著作権使用料。一回いくらの原稿料と違って、本が売れるほど収入が増えるしくみ。逆に、売れないと低収入となる。

いまはとり壊されたセメント工場の廃墟。

それはともかく、職場の人間関係のもつれというベタなやめ方ながら、保育士から写真家へとみごとな転身。ではここで、フリーカメラマンの台所事情も聞いてみたい。どう生計を立ててるの？　写真集の売り上げで食べてるのかな？

学校写真を撮ってます

自分の好きな写真だけを撮って、アーティストとしての収入だけで食べていくのは、正直、かなり狭き門だと思います。

なので、ぼくがコンスタントにやってるのは、いわゆるスクール写真といわれるジャンルの仕事です。小学校や幼稚園の行事写真を撮る仕事ですね。運動会とか修学旅行とか、だいたい毎年同じ時期にあるので、安定した収入になるんです。写真会社を通じて呼んでもらって、夏休みや冬休みをのぞけば、基本的にはこれで月に十万円以上になります。

あとは写真教室で写真の撮り方を教えたりもしてますし、各地の撮影イベントの講師や、工場写真についての講演会とかもあります。

カメラ雑誌などでの記事の連載もちょくちょくしてます。依頼された写真を撮るだけの仕事はギャラが安いんですけど、原稿とセットの特集記事だと高いです。

たとえば八ページの特集として、一ページ二万円なら十六万円になりますから。
家計は奥さんに任せています。毎月末に渡すお金のなかで月々の家のローン七万円と生活費ぜんぶをやりくりしてもらう。食費・水道光熱費・通信費・教育費・保険などもろもろですね。残ったぶんがぼくが使えるお金です。

機材を買うために働いてる!?

そこから仕事の経費を出したり、なによりカメラ、レンズ、ドローンなどの機材を買わないといけない。ぼくがはじめて買ったドローンは二十万円以下だったけど、いまはいい機種はカメラつきで五十万円くらい。撮影のための車も必要だし、そうすると駐車場代も維持費もかかる。つねに火の車です。奥さんもいまは理解してくれてるけど、昔は「レンズ一本二十万？　はあ？」みたいな（笑）。機材買うために働いてる感じ（笑）。映像の機材って高いですからね。テレビ局が持ってるようなものだと、レンズとカメラで家が買えちゃうくらい。
ただ、高価な機材が必要な撮影は、そのぶんギャラ単価も高くなります。カメラで撮れる静止画（写真）より、ビデオカメラが必要な動画（映像）のほうがギャラはいいし、ドローンの動画はさらにいい。新しい技術って、できる人も少ないし、最新の機材をそろえる必要もある。必然的にギャラは高くなるんです。

よく使うカメラ。本体はNikonD850、レンズは70-200mm F2.8。あわせて六十万円くらいで購入。

ぼくのやってる仕事でも、スクール写真は単価が安いけど、ドローン動画だと報酬はひとつで十万円以上になりますからね。そういう「わりのいい」仕事なら、月に一件もやればじゅうぶん生活していけるんです。でもぼくは、単純にお金だけじゃなく、やっぱり、自分がおもしろいと思うことを仕事にしていきたい。長い目で見ると、自分が好きなことじゃないと、結局は続かないですから。

目線を変えると、日常が違って見える

連載とか、写真集を出したりとかは、好きな仕事です。好きな仕事の割合をどんどん大きくして、お金のためにやってる仕事の割合をどんどん少なくしていきたい。いまは六：四くらいで好きな仕事が多いけど、お金のための仕事をゼロにする道筋はまだ見えないですね。とはいえ、たとえば写真集がめちゃくちゃヒットして、働かなくていい状態になったとしても、南の島に行って毎日遊んで暮らしたいわけじゃない。それが幸せとは思ってないんです。

ぼくは、人物写真にはまったく興味がなくて、廃墟とか工場とかばっかり撮ってる。変態でしょ（笑）。好きなものは、廃墟も工場もドローンで撮る作品も、ぜんぶ身近にあるものです。だからこそ、生々しくてリアリティがあって、そそられるんですよね。廃墟も工場も、ぼくらの住んでるこの日常のすぐとなりにある。

そのいつも見てる町が、空からドローンで見るとぜんぜん違うふうに見えるんですよ。夜景もそうですね。昼間はふつうの街並みなのに、夜になるとキラキラ輝きだす。目線を変えると日常の風景がまったく違って見えてくるところに魅力を感じるんです。

写真家っていっても、好きな写真を撮ってそれを売る、ってわけではないんだな。レギュラーの仕事があるからやっていけるようだ。好きな写真を撮るだけで生きていけたら理想だけど、すぐには難しいからね。楽しみながらシフトしていくのがいちばんだ。小林さんは、その点すごくうまくやってると思うけど、仕事である以上は苦労もあるはずだよね？

兵庫県西宮市の住宅街の夜景。ドローンからは、灯りに包まれたモダンな町の全貌が見られる。

予想以上のものを提供しなければ、仕事がこなくなる

フリーランスの仕事をされてる方はみんなそうでしょうけど、一年三百六十五日、休みっていう気分がないです。休みの日でも仕事のメールは入ってくるし、写真を撮ってないときも、つぎにドローンをどこで飛ばすか、どういう許可が必要か調べたり申請を出したり……、完全にオフっていう気持ちにはならない。

これが独身で子どももいなくて、だったらいいんですけど、娘が幼稚園に行きはじめたので、土日が仕事になると、娘と遊べないんですよ。ぼくにとっても子どもと過ごす時間は大事だし、そういう日が続くと、奥さんのストレスもたまる。だから意図的に休みにしないとダメだな、とは思ってます。

求められるものは撮ってあたりまえで、それプラス、予想以上のものを提供できないと、継続して仕事はもらえないですよね。あと、写真家という仕事がずっとあるのかなっていう不安もある。いま、映像の世界は4K、8Kになってきてます。あれは、動画から静止画を切りだしてもじゅうぶんな画質なんですよ。だからこのさき、技術の進歩にしたがって、写真だけを撮る人は職を失うかもしれない。だから、つねに最新情報をチェックしながら、最新の機材を導入していかないといけないんです。ずっとこの仕事でやっていきたいですからね。いまから別のことやるとか言いだしたら、さすがに奥さんにしばかれる（笑）。

何十万もする機材をつねに買いかえないといけないし、自分をアップデートし続けないといけない……なかなかたいへんだぞ！　でも、最新の知識や技術に精通してるのはすごく強みだよね。『ドローン鳥瞰《ちょうかん》写真集――住宅街・団地・商店街』（玄光社）といった専門を活かした本を出版できたり、メディアに第一人

ドローン操作中。遊んでいるようだが、仕事中。

者としてとりあげられたり、仕事上での広がりが出てくる。何ごとにも先行投資は必要ってことだ。
そんな小林さんから、みんなへのメッセージをいただいたよ。

停滞せず、成長できる仕事か？

ぼくは満員電車が無理なんですよ。通勤のために毎日満員電車に乗るとか、想像を絶するしんどさです。そんなの慣れるよとか言う人いるんですけど、ぜったい慣れへんぞ！って思う（笑）。ルーティンがイヤなんでしょうね。だからフリーでやっていて、逆に言うと休みがないんですけど、ぼくにとっては、そこは苦じゃないんですよ。でも、勤め人のほうが向いてる人もいますから、自分に向いてるほうを選ぶのがいいですよね。

保育士時代も幸せでしたよ。働いて、趣味で廃墟の写真を撮って、彼女もいて。でも、十年後もこの仕事続けてられるか？って想像したら、絶望したんですよね。成長がないまま同じことやってんのかな～って。でも、カメラマンっていう生き方を選んだとき、停滞せずに成長できる感覚があったんです。カメラマンという枠組みのなかで、はじめは廃墟を撮ってて、工場も撮りはじめて、いまはドロー

ドローンでまさに鳥になって街を撮影した『ドローン鳥瞰写真集』。

ンを飛ばしてる。また何か新しいことが出てきたらって、ワクワクする。

やめた仕事の経験がつぎにつながる

どの業界でも、以前に違う仕事してた人って、違う視点をもっていることが強みになっています。ずっとその業界にいると、考え方が凝り固まってしまう。写真学校を出てずっとカメラマンやってる人って、ほんま変態みたいな人ばっかり(笑)。そういう面では一回就職するっていうのは大きいですね。

ぼくがフリーになったのは三十三歳でした。ぼくの実感として、三十五歳まではそれほど労力をかけずに方向転換できます。会社っていうのにこだわらなくていいんですよ。就活に失敗して自殺するとか、ほんとにもったいない。失敗は、失敗じゃないんです。その経験が役立つときがきっと来る。

将来のためにお金を貯めるより、いまの自分にお金をかけて投資したほうがいい。そのほうが、六十歳になったときによっぽどおもしろい人間になってます。けちけちして、何も体験せずに、老後のためにお金貯めたって……。浪費はよくないけど、自分のためにはお金を使うべきです。

兵庫県尼崎市に二〇一九年三月末にオープンした平成最後の城・尼崎城と。小林さんの被写体のひとつである巨大建造物には城もふくまれる。

ドローンで工場の夜景写真を空撮する、っていうのが注目されて、小林さんはわりと売れっ子だ。関西のローカル番組に出演してるのも見たし、写真集も何冊も出版してる。行政の仕事も請け負ってるし、写真教室も人気だ。

でも、すごく特別なことをしてるわけじゃないんだよね。ドローンを飛ばしてる人はいっぱいいるし、工場の写真を撮ってる人も珍しくない。夜景を撮ってる人なんかごまんといる。小林さんは、それをていねいに合わせ技にしただけだ。何かの分野をつきつめて百万人にひとりの存在になるのは難しいけど、百人にひとりの存在には、あるていど努力すればなれる。それが三つの分野でできれば、百×百×百＝百万。自分の存在価値って、難しくつきつめすぎる必要はなくって、視線をちょっと変えて、いままで見てなかったところを見てやるのが大事なんだ。ちょうど、夜に空から工場を見てみる、みたいにね。

たとえばぼくなら、まずは作家だ。俳優業もやってる。えーと……歯並びがいい。あとは何かあるかな……。花粉症だ。歯並びがよくて花粉症で作家で俳優、って、存在価値あるかな？　どう？

［先輩］No.6

『石巻復興きずな新聞』編集長 岩元暁子

［いわもと・あきこ］

ぼくは雨の東京・赤羽に立っていた。ボランティアを仕事にしている人がいる、という不思議な話を耳にしたからだ。えっ？　お金をもらわずにするのがボランティアじゃないの？

はたしてその女性、岩元さんがステキな笑顔で赤羽駅の改札から登場した。話を聞くと、岩元さんは「石巻復興きずな新聞舎」という団体の代表を務めており、ざっくり言うと、無料の地域情報紙『石巻復興きずな新聞』をつくって、宮城県石巻市の仮設住宅に手配りする、という活動をしているらしい。配布を担うのは無償のボランティアさんたち。フリーペーパーとボランティア。どうやらこのふたつがキーワードみたいだけど、そこから、どんなお金の流れがあって、どんなふうに岩元さんの生活が成り立ってるんだろう？

KEYWORD

- 外資系企業
- ボランティア
- 東日本大震災
- 仮設住宅
- NPO団体
- 助成金
- 新聞

新聞をつくりながら、二百人のボランティアを束ねます

私の仕事は、東日本大震災で最多の被害者が出た宮城県石巻市で、仮設住宅の住民さん向けの無料情報紙『石巻復興きずな新聞』を、ボランティアの方たちとつくって配布することです。

編集長として新聞を毎月つくることはもちろん、新聞の配布も、ボランティアさんの調整も、ホームページの更新もぜんぶやってます。

配布は、基本的には県内のボランティアさんでおこないます。二十人くらいいて、ほとんどは社会人。その人のお仕事や事情によりますが、月に一回とか三回とかのペースで配布に来てもらいます。月に三日以上来てくれたら、一回千円の交通費補助を出してます。何度も来てくれたほうが、配布先とのコミュニケーションにも慣れるし、住民さんも「また来てくれた〜」ってうれしいから。

シルバー世代や主婦層、不登校やひきこもりなどで社会との接点が少ない方々にも参加してもらっています。ふだん「ありがとう」と言われる機会の少ないかれらだからこそ、「自分もだれかの、地域の役に立てる」という実感をもってもらうことが大切だと思うし、これからの復興にも必要なことだと思っています。でも、不登校やひきこもりの子は当日ドタキャンもあるし、体調を崩して二、三か

配布は、すべての仮設住宅に手渡しで届ける。

二〇一六年六月十日発行の『石巻復興きずな新聞』創刊号。新聞は石巻復興きずな新聞舎のHPでも読むことができる。

月来ないこともある。その調整はなかなかたいへんです。

県外からのボランティアさんも年間百～二百人くらい受け入れて、配布をしてもらいます。埼玉の高校と東京の大学との提携もしていて、毎年、学生さんをボランティアとして受け入れています。被災地の生の声を聞いてもらうことで震災の風化防止になるし、石巻の経済活性化にもつながるんです。

記者ボランティアさんというのも十人くらいいて、市内各地域で活動する地元団体や専門家の方々に、医療・健康、地域づくり・街づくりなどの記事を無償で書いてもらってるんです。でもみなさん、書くのが専門ではないので、遅かったり、専門的すぎて難しかったり(笑)。それをなるべくわかりやすく編集するのが、編集長としての私の仕事です。

五千軒回れば、いろんな人に出会います

配布は、雨の日も風の日も暑い日も寒い日も、五千軒を全戸訪問するんです。ほとんどの方は好意的ですよ。毎回新聞をすみからすみまで読んでくれて、全号きれいに保管してくれてる方もいる。慣れてるボランティアさんは、無口なおじいさんとも会話が弾んで、お茶に誘われたり。「いままで読まなかったけど、今日は読んでやるよ」とか、ツンデレなこと言われたり(笑)。

配布先の人の話を聞くボランティアの学生たち。

県外からの学生ボランティアたちと。左端が岩元さん。

なかには、震災の影響から心身が不安定な方もいます。ポストに新聞を入れただけで「人んちのポストに何入れてやがる！」って電話してきた人もいました。あるおじいさんが酔って、ご近所の男性に暴言を吐いたらしいんです。そしたら男性がカッときて、消火器を持っておじいさんのところに怒鳴りこんだ。おじいさんも包丁を持ち出して、警察沙汰になってたいへんだったそうです。震災で家も家族もすべてを失った方も多いし、そのおじいさんも、奥さんを津波で流されてるんです。そういうことがあると、アルコール依存や躁鬱《そううつ》になって、さびしさや絶望を目の前の人にぶつけちゃう。すごく怒鳴ったかと思えば、もう死にたいとか言ったり……。そういう方とはかかわりにくいですけど、極力、ご近所さんにヒアリングしたり、ほかの福祉団体さんと情報共有したりはしてます。

ひとりでひとりは支えられない

ある女性のボランティアさんの話です。その方は、ある男性の住民さんとアドレスを交換して、彼がさびしくて送ってくるメールに深夜でも返信していたそうです。でも、ある日、返信できないときがあったんです。彼は震災以降、彼女だけが心のよりどころだったんだけど、それを裏切りと感じて、暴言のメールがばんばん来るようになった。それに彼女もすごくショックを受けてしまって……。

活動前にボランティアが受ける傾聴講座。読者は被災者でもあり、ときに深刻になる話に耳を傾けるには準備もいる。

自分も弱いところがあって、つらい人の気持ちがわかるからボランティアをやりたい人って多いんです。彼女も被災してて、だんなさんは仕事でめったに家に帰らないし、震災前のコミュニティもどらず孤独だった。だから頼られるのもうれしかった。でも、そういう気持ちが強すぎてもよくないんです。

彼はその後、重度の鬱病になって、後日、亡くなっていたのが発見されました。そのとき、私は、ひとりでひとりを支えようって思っちゃいけないって学んだんです。家族でもないかぎり、人ひとりを支えるには十人くらい必要だと思います。だから、ほかの医療・福祉団体さんとの協業や、生活保護など制度の情報共有はほんとうに大事。病気や障害と経済的な困窮はすごく近いところにありますから。

やりがいはすごくありそうだけど、人の生き死ににも直結するし、正直、かなりたいへんな仕事だと思う。どういう経緯でいまの活動をはじめたんだろう？

大企業をやめてボランティアに

私は、横浜で生まれて、上智大学文学部を卒業したあと、二十三歳で日本マイクロソフト社に入ったんです。外資系企業☆というと、一般的には華々しいイメー

配布先で笑顔を弾けさせる岩元さん。さすがのうちとけぐあいだ。

☆外資系企業
外国からの資本によってつくられた日本の企業。外国の企業が日本につくるもの、外国の企業と日本の企業が共同で出資しているもの、外国の企業が日本の企業を買収したもの、がある。英語力が必要であるほか、給料の決まり方や求められる働き方が、昔ながらの日本の会社とまったく違うことも特徴とされる。

ジだと思いますが、じっさい仕事は激務でした。同僚のなかには、売り上げを上げることに仕事のやりがいを感じてた人や、最新のテクノロジーに触れられるのが幸せ、みたいな人が多かったけど、私はそういうのに興味がもてなくて。

外資系でよかったのは、日本ではめずらしい「ボランティア休暇」という制度があったことです。それでボランティア体験をしたことがきっかけで、ボランティア活動の魅力に目覚めてしまって、青年海外協力隊にいこうと決めたんです。二十七歳のとき、六月に会社をやめて、九月に日本女子大学の通信課程に学士編入☆しました。裁縫や料理が好きだったので、家庭科の教員免許を取って、栄養の知識や縫製の技術を現地で教えたくて。

そんなときに、二〇一一年三月十一日の東日本大震災が起こったんです。

東日本大震災を機に石巻へ

震災の翌月に、ピースボート災害ボランティアセンター（以下、PBV）が募集していたボランティア派遣に参加して、一週間の予定で石巻に来ました。でも結局、二週間滞在しました。それから定期的に石巻と東京を行き来する生活がはじまりました。半年くらいは毎日、津波で泥に埋まった水産加工工場から泥をかき出し、きれいにすくい出す活動。私は現場のリーダーとして、社長さんと作業内容の打

会社員時代の部署の人たちと。左端が岩元さん。

☆**学士編入**
四年制大学を卒業して学士号をとった人が、その大学の違う学部・学科や他大学に、試験を受けて入ること。

ち合わせをしたり、短期ボランティアさんのシフトを組んだりと、コーディネーター的な役割を担いました。

十月になると、市内から避難所がなくなって仮設住宅ができました。PBVはその仮設住宅の支援にシフトして、「孤独死を防止する」という目的で『仮設きずな新聞』の発行がはじまったんです。それで、パソコンやメールの作成に慣れていた私が新聞の担当になりました。

せっかくマイクロソフトをやめてパソコンから離れられたのに、なんでまたパソコンを！　って腹が立ったけど（笑）、いざ取材したり記事を書いたりすると、すごく楽しかったし、住民さんたちも喜んでくれた。それで続けられたんです。

でも、完全に無収入なんです。家賃も食費もかからないとはいえ、携帯代や交通費はかかる。私はそのとき二十八歳くらいで、友だちは結婚フィーバー。収入ゼロでご祝儀三万円は痛いですよ（笑）。これ以上、貯金を食いつぶせない……。そこで職員にしてほしいとPBVに願いでて、採用してもらえたんです。

採用後は、きずな新聞の編集長になりました。私だけが記者活動をするよりも、いろんな人にかかわってほしくて、記者ボランティアっていう枠組みをつくって募集をかけたんです。その第一号で応募してきたのが、いまの夫です（笑）。彼はその後、出版社に就職したけど、短期ボランティアは続けてました。私とのつき

震災後初期の石巻での活動中、PBVのメンバーと。

あいも続いて、二〇一四年十一月に結婚しました。彼が二十六歳、私は三十一歳で、結婚しないなら別れるってつめ寄って(笑)。

休刊からの復活

ところが、二〇一六年三月に、PBVが石巻での活動を終了することになりました。同時にきずな新聞も終刊することが決まり、そのことをボランティアさんたちに伝えたんです。そしたらみなさん、「この活動は自分たちの生きがいでもあるから、なんとか続けられないか」と言ってくれて。それでPBVをやめて、二〇一六年の四月に、「石巻復興きずな新聞舎」という新団体を立ち上げて、『石巻復興きずな新聞』として復刊したんです。

そのときから夫が副編集長としてかかわってくれています。彼は五年間出版社に勤めたあと、東京で週刊誌の記者をやってるので、こっちは半ば趣味ですけど、編集も半分以上やってくれてます。私はおもに、トップの記事を石巻で取材して書くのと、編集後記を書く係。夫も文章の仕事をしているので、私の悩みを理解して共有してくれるのがうれしいですね。

団体設立時のキックオフ・ミーティングで、仲間たちとポーズ!

右で取材するこの人が、副編集長でもある岩元さんのおつれあい。

週刊誌記者で、仕事にも理解がある年下の夫？　最高やないか！　いっきに岩元さん＝勝ち組の方程式がぼくのなかに成立する。みんなはまだ、それがどれだけ貴重なものかわからないだろうけど、そのうちわかるときが来るからな！

さて、ここで肝心のお金のことも聞いてみたい。ボランティアって、無償で活動するってことだよね？　どうやって収入を得て生活してるの？

収入は助成金が大きいです

団体の収入としては、初年度はクラウドファンディング☆で二百万円近く集まって、なんとかやれた感じです。あとは助成金☆、賛助会員さんの会費、ボランティアさんの活動協力金、寄付金でやりくりしています。いちばん大きいのは助成金で、二〇一七年度は六百万円くらい。全体の収入は一千万円くらいでした。

ここから経費を引いていきます。大きいのは、人件費と、事務所の家賃と光熱費、新聞配布や取材のときのレンタカー代とガソリン代、交通費ですね。

一年目は事務所は安く間借りしてたけど、二年目からは石巻駅近くに一軒家を借りて事務所にしたので、だいぶ出費が増えちゃった。でも、おかげでボランティアさんの宿泊にも対応できるようになりました。

☆クラウドファンディング
五十ページ注参照。

☆助成金
それぞれの目的や理念にあった事業や研究を支援するために、国や地方自治体、企業、団体が援助するお金。申請書類を作成して提出し、審査に通ればお金をもらえる。

私の給料も、ほかの有給スタッフの給料と同じく、人件費として出ています。同年代の一般企業の給料よりぜんぜん少ないですよ。マイクロソフト時代の三分の一~半分くらい。でも私、一年間、収入ゼロのボランティア時代があったので、給料が下がった感覚はないんですよ。むしろゼロから大幅に給料UPです(笑)。

なるほど、無料の新聞+ボランティアを両立させるお金はここから出ているのか。寄付や助成金を活動の資金にしているんだな。
さて、助成金は収入としては大きいけど、同時に悩みの種でもあるみたいで……?

石巻復興きずな新聞舎の事務所。けっこう大きな二階建て。

いちばんしんどい部分は?

正直、助成金の申請がいちばんしんどい(笑)。次年度の活動プランを立てて、助成金の申請書を書くんですね。書いてるあいだはぜったい通るって思うんだけど、提出したら自信がなくなってハラハラしっぱなし。審査って、だいたい遅れるんですよ。こっちは十日前からそわそわしてるのに、十日遅れで内定通知が来たり(笑)。落ちるときもありますよ。

助成金って、その年度分としてもらうお金は三月の年度末までに使いきらなきゃいけなくて、逆に言うと、一年以上使うものは買えないんです。車やパソコンはもちろんダメだし、一脚二千円のイスですらダメ。そのくらいいいじゃんって思いますよね（笑）。ただ、助成金を出す団体にもよるんです。どうして必要なのかをきちんと説明したら理解してくれた企業があったので、そこの助成金で、家賃も引っ越し費用も家具・家電の購入費用もまかなうことができました。

すぐに全額もらえるわけじゃなくて、半分はその年度末に一年分の活動報告書を提出して、受理されないともらえない。それまでのやりくりがたいへんです。

活動期間もネックです。うちは今年やっと二年になるので、申請できる選択肢が広がったんですけど、昨年度までは、新団体としては活動履歴がなくて。「私は震災直後からPBVで活動してきて、いまは地元の人たちといっしょに新しい団体を立ち上げたんです！」って主張したけどダメでした……。

もう、助成金の苦労話が出るわ出るわ。温厚な岩元さんがこんなに興奮するなんて、助成金おそるべしだ！

人も荷物も運ぶレンタカーは必須アイテム。

自分の人生を犠牲にしないかたちを選びたい

いや、ほんとに、一年ずつしか将来のことを考えられないっていうのは、活動を続けていくうえでかなりの制約なんですよ。

じつは私、いま妊娠四か月なんです。いまは自宅がある東京と石巻の二重生活ですけど、半年後に子どもが生まれたら、いまのような働き方は難しくなる。いずれにしても、自分の人生を犠牲にしないかたちを選ぼうって思ってます。

東京にいるときは、記事を編集したり、ホームページを更新したり、会計や助成金の報告書を確認したりしてます。新聞の発行日にあわせてスケジュールも決まります。月刊なので〆切《しめきり》はすぐ来るし、意外と規則的なんですよ。

今日は、いまから石巻に向かいます。明日が新聞発行日なんです。まだ原稿は完成してないけど……(笑)。ていうのも、ついさっき、最後の記事がメールで届いたんです。〆切は五日くらいまえだったんですけど(笑)。なので、移動中も編集作業です。やばい～(笑)。これから三週間くらい石巻です。

すばらしき押し入れ生活

石巻では、ボランティアさんとの配布活動がおもになります。仕事の時間は、地

仮設住宅が並ぶ通りを歩く。いつも落ち着いた岩元さんにも〆切の心配はつねにあり……。

元のボランティアさんが来るのか来ないのか、県外から来るのか来ないのかで違います。地元のボランティアさんが来る日だと、九時くらいから十七時か十八時まで。新聞配布は暗くなるとできないので、早い日だと十六時くらいに終わったりもしますが、新聞の編集をしたり、ホームページやブログを更新したり、助成金の報告書を書いたり、会計業務をしたり、ボランティアさんとミーティングしたりするので、仕事の時間はもう少しあります。朝は、ボランティアさんが来るまえには起きて、準備します。

あっ、私、石巻では事務所に住んでます。二階の女子部屋の押し入れで寝てるんです（笑）。えっ？　だって私が床で寝ちゃうと、ボランティアさんの寝るスペースがひとりぶん減るじゃないですか。

湿気を防ぐために押し入れにすのこを敷いて、ふすまははずして、カーテンつけて。プライベートも確保できるし、すごく快適ですよ。押し入れをベッドとして活用する方法をネットでめっちゃ調べました（笑）。はじめて石巻に来たときは、石巻専修大学のグラウンドにテント張って野宿でしたからね。それにくらべたら、屋根のあるところで寝れるなんてすばらしいですよ。

トイレはくみとりだけど、仮設トイレより百倍マシ。以前は、夏はにおいがひどくて、しょっちゅうくみとり屋さんに来てもらってたんです。くみとり量二百

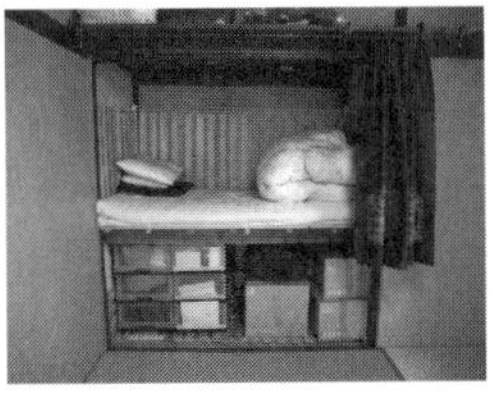

ドラえもん、ではなく岩元さんの寝室。たしかに快適そうだが、油断すると落ちてしまいそうだ。

リットルまでは一律三千円だから、量が少なくても三千円。それでも、くさいから呼んじゃうんですよ(笑)。ところが、微生物を使った消臭剤を便槽に入れるようになって、ぜんぜんにおいがしなくなったんです。微生物は最高です(笑)。

まさか押し入れ生活と微生物の消臭効果について、そんなに生き生きと語られるとは思ってなかったよ! でも、正直、収入も多くないみたいだし、ときに暴言も投げつけられるのに、どうしてそこまで前向きに取り組めるの?

何がハッピーなのかを知ること

仕事って、めんどくさいとか行きたくないとかいうイメージですよね。マイクロソフト時代は、私もほんとそんな感じでした。日曜日の夜なんか「サザエさん症候群」で、やだな~明日から~って(笑)。

でもいまは、そういう感覚はないです。疲れてて眠いとかはあるけど、仕事と休みの区別があまりない。仕事場=居住スペースだし、生活=活動だし。「毎月十日に新聞を発行する」「その月内に新聞を配りきる」「年に何回か、助成金の申請や報告の〆切がある」などが決まっていて、それさえ達成すれば、「いつ、何をす

微生物が活躍し、すばらしく清潔そうなトイレ。

るか」というのは自分の裁量なので、勤務時間も明確に決めてはいません。最初の一年は、オン・オフの切りかえが難しかったけど、いまはむしろ区別しないようにしてます。そのほうがラクなんです。

私が接する人は、基本的にボランティアさんだから、仕事じゃなくて、自分の生きがいとか、余暇の使い方のひとつとしてかかわってくれてる。それもすごくラクです。

自分は何をしたらハッピーなのかを知るのは大事ですね。

私ね、母親が神奈川の老舗のＮＰＯの副理事で、ずっとボランティアをしてたんです。たいへんそうなのにたいしたお金ももらえず、グチばっかり言ってて。私はぜったいにビジネスの世界で成功してやる、って思って育ったんです（笑）。でも、じっさい働いてみたら、「あれ？　私、そういうのに幸せを感じないぞ？」って。で、ボランティア休暇を体験したら、ボランティア最高じゃんって（笑）。社会に貢献できることが私のハッピーなんだって気がついたんです。

石巻にすんなり行けたし、長く続けようって思えたのは、自分の人生のプラスにもなっているし、自分の幸せのためにもなっているって思えたから。被災地のためだけでは、あんなにできなかった。

私みたいな生き方が幸せな人はいるけど、それが幸せじゃない人もたくさんい

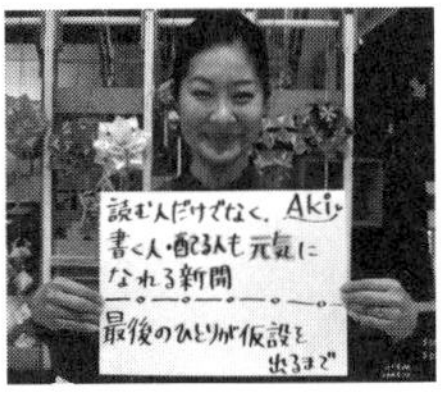

こんな宣言は、岩元さんにしかできない。

ると思います。安定や社会的な地位やお金ってすごく大事なことだから、それが幸せだと思えばそうしたらいい。いっぱい稼《かせ》いでいっぱい寄付をして、週末だけボランティアをするっていうのもすばらしいことですからね。

ようするに岩元さん、自分が幸せだからやってるんだ。たしかに、好きだからとか、やりたいからとか、人が何かをする理由なんてそれでじゅうぶんなんだよな。

だれでも自分のなかに、生理現象に近いレベルで、それさえやってれば幸せってことがある。結局ぼくらは、そういう何かを見つけて、ただそれをやってればいいのかもしれない。そしたらときどき、それがだれかの役に立ったり、世界を動かしたりする。それでじゅうぶん、世の中って回ってるんだよね。

[先輩]
No.7

映画監督
高橋慎一

[たかはし・しんいち]

「サークルの先輩みたいな人がいるんです」と、編集者の漆谷くんが紹介してくれたのが、注目度急上昇中の映画監督・高橋さんだった。サークルの先輩？　東京・荻窪で高橋さんと会う。謙虚な物腰でいい人そう。だが口を開けば、過剰な早口と圧倒的な情報量、そして……めくるめく下ネタの嵐だった！　たしかにサークルのパイセンのノリだ！　正直、ここにはそのときの高橋さんのことばの三分の一も再現できていない。彼の口から何度「ナイスバディ」ということばが飛びだしたことか。キューバ人女性が美しく、わがままなボディをしていることは、ぼくの心に深く刻まれた。仕事がひと段落したら、ぜったいにキューバ旅行にいくつもりだ。……おっといけない、いまはひとまず、高橋さんの人生をひも解いていこう。

KEYWORD

- 映画監督
- 日雇い労働
- 音楽レーベル
- マンガ
- カメラマン
- ライター
- キューバ

日雇い労働で高収入

東京の品川生まれで、一、二歳からはずっと埼玉で育ちました。手塚治虫とか諸星大二郎とかの骨太なマンガが好きで、漫画家になりたくて中学で美術部に入ったんです。手塚先生がインタビューで、「漫画家になりたければ、たくさん映画を観なさい。たくさん音楽を聴きなさい。たくさん小説を読みなさい」って言ってて、小説を読んで音楽を聴いて映画を観てたわけです。手塚先生が言うんだからそうしますよ（笑）。でも、漫画家にはなれなかった。

うちはもともと八百屋だったんだけど、多重債務で自己破産☆して、父親がタクシーの運転手をやって生計を立ててました。家も、市の補助で低所得者層が住むような工業団地。そういう毎日の延長で、高校を卒業してからは日雇いの肉体労働をしてました。まわりの大人はだれも、大学に行って、大学三年生になったら就職活動して、企業に入って、とか、そういうルートを教えてくれないんですよ。社会とか職業とかについての情報が圧倒的に少なくて。同級生たちも高卒でガソリンスタンドに就職したりしてましたね。

毎日、ビルの解体作業をしたり、ゴンドラに乗って高層ビルの窓を拭いたり。キャバクラのボーイもしました。それでも、時はまさにバブル景気のまっただ中。日

☆多重債務で自己破産
多重債務は、いくつもの業者から借金をして、返済困難な状態になること。自己破産は、借金を返せないとみずから裁判所に申し出てそれが認められること。借金の返済を免除されるが、家や土地といった財産がある場合は返済の一部に当てられる。

給一万円くらいはくれるんですよ。一か月で三十万円近くになるから、アパートの家賃三万円と生活費を引いてもかなり貯金できる。壊して建てるをくり返すスクラップアンドビルドの時代で、建物の解体現場はいっぱいあったし、日雇い労働でもじゅうぶん生きていけたんです。

十九歳のときに、イギリス旅行にもいきました。いっしょに行った友だちが入国カードの職業欄に「窓拭き」って書いてたら、イギリスの税関で尋問されました。「なんで十代のブルーカラー☆が五十万円も持ってるんだ」って。説明したら税関職員も納得して、「日本のブルーカラーはそんなに給料がいいのか！　おれも日本に移住したいぜ！」って言ってましたけど（笑）。恵まれた時代でしたね。

奴隷のようなアシスタント時代

二十一歳くらいまでは、そんな根なし草の日雇い労働者でした。ある日、飯場《はんば》☆で知り合った一歳年上のヤンキーのお兄さんが、「オメー、勉強しないとオレみたいになるぞ。オレは学がねえから力仕事ばっかやってんだよ」って忠告してくれたんです。でも勉強は苦手だし、家は貧乏、どうしたらいいのかわからない。

そこで、高校時代の恩師で「高橋くんみたいな家庭環境の子こそ、社会は見捨てちゃいけないんだ」って言ってくれてた左翼の先生に電話で相談したら、「大学

☆ブルーカラー
blue-collar worker（青い襟《えり》の労働者）の略。制服や作業着の襟が青かったことに由来する、工場や作業現場で働く人たちを指すことば。イギリスやアメリカでは、高等教育を受けられず、低賃金の肉体労働につくしかない貧困層に対して使う。反対に、背広を着て事務系の仕事をする人たちはホワイトカラーと呼ばれ、富裕層を表す。

☆飯場
土木建設工事の現場にある、作業員の宿舎。

受験ラジオ講座を聴いて、模試を受けてみなさい」と言われて。パチンコ屋でバイトしながら半年間マジメに勉強したら、偏差値が三十六から五十六になって、東京工芸大学の写真学科に合格、パチンコ屋の店員をしながら学びました。

卒業後は、とあるスタジオでカメラマン・アシスタント業につきました。そこが超ブラックで……。一日二十二時間労働、休みは月に一日だけ。家にも帰れず、夜は職場で三十分だけ仮眠。今日が何日で何曜日かもわからない。だんだん幻覚が見えてくるんです。自分の体を虫がはってる。完全にヤバい状態ですよ。それで月給が十二万四千円。これすら使う時間がなくて、家賃の三万七千円が口座から自動で引き落とされるだけで、毎月八万円ずつ貯まっていくんです。そんな生活を三年くらい続けて、限界を感じてやめたときには、貯金が三百万円くらいありました。幸か不幸か、人生でいちばん現金を持ってたときです（笑）。

幻覚を見るほど追いつめられた生活じゃ、お金があってもうれしくないね！

人は、自分が知ってる世界しか想像できないし、選べない。だから、情報収集がとっても大事になる。できるだけ早い段階で、世の中の成り立ちや仕事についての正確な知識を得るのが肝心だ。

キューバ音楽にどハマり

仕事をやめて、貯金もあるので、まずニューヨークに旅行にいきました。そしたら、もっとおもしろい国に行きたくなった。もともとぼくはパンクロックが大好きで、そこからアフリカとかキューバとかのワールドミュージックにも興味が移って。アフリカは検疫とか予防注射とかが面倒だったから、キューバに行ったんです。一九九五年、二十六歳のときです。

そのときのインパクトがものすごくて。ハバナ旧市街の街並みは、電信柱とアメ車がなければ中世そのまんま。なにより、生のキューバ音楽の魅力に、どハマりしちゃったんです。

当時のキューバって、すべてが社会主義国家らしく、海外に渡航もできないし、情報も遮断されてた。でも、だからこそミュージシャンたちのパワーがすごかった。ガラパゴス的な環境で磨きぬかれたテクニックもすさまじい。大好きだったパンクロックに似た、わけのわからないエネルギーが充満してたというか。有名バンドのライブなんか行くと、毎晩、リオのカーニバルなみの盛りあがりなんですよ。九〇年代キューバの音楽シーンって、そんな感じだったんです。

帰国後は、カメラマンのアシスタントとして働いてたけど、ほとんど食えてな

ハバナ旧市街。街並みだけでなく、アメ車ファンにもたまらない風景。

芸術家が描いた壁画。アートもハバナの街を彩る。

くて、貯えを食いつぶす毎日でした。ある日、八十円しか持ってなくて、ダイエーの前の屋台で焼き鳥一本だけ買おうとしたら、「一本だけなんて売れるか、バカ野郎!」って罵《ののし》られて、店主と大ゲンカになりました(笑)。

勢いで音楽レーベルを立ち上げる

それからキューバに通いつめるようになって、三回目にキューバに行ったときは、七か月滞在しました。現地の生活スタイルを身につけちゃえば、とにかく安く過ごせるわけですよ。滞在費は宿泊費・食費あわせて一か月で四、五万円くらいだったかな。当時は一泊三~五ドルのもぐりの民泊がいっぱいあったんです。市場に行ってラム酒とフルーツを買って、カクテルつくって飲んだり。ハバナ市内のバスの路線は完璧に把握してましたね。

もちろん、大好きなキューバ音楽を毎日浴びるほど聴きましたよ。ライブだけじゃなく、ラム酒を手土産にミュージシャンの練習場所に潜りこんで、演奏を楽しんだりね。かれらの自宅の、防音設備もないガレージとかですけど(笑)。

一九九八年、キューバで、二《ふた》田《だ》綾《あや》子《こ》さんと出会います。彼女は東京芸大で民俗音楽を研究する学生で、キューバ音楽の研究で長期滞在してたんです。当時、ぼくらみたいな日本人はかなり珍しかったんですけど、『ブエナ・ビスタ・ソシア

メンバーの自宅ガレージで練習するミュージシャン。かれらは超一流バンドのメンバーだが、洗濯するお母さんがさりげなく風景に溶けこむ。

ル・クラブ』☆が世界中で大ヒットして、いっきにキューバ音楽が世界的ブームになったんです。でも、こんなにもキューバ音楽を愛してるぼくはそのシーンにぜんぜん乗っかれてない。その状況がもどかしくて、二〇〇〇年、二田さんといっしょにKamita Label（カミータ・レーベル）っていう音楽レーベルを立ち上げたんです。三十一歳でした。そんなのいままでやったことないのに（笑）。

音楽レーベルを立ち上げるっていうのは、出版社を立ち上げるような感覚ですね。キューバのミュージシャンのオリジナル音源をキューバでレコーディングして、パッケージにして、タワーレコードなどで販売できるように手順をふんで、商品を流通網に乗せる。

二〇〇一年、最初にリリースしたCDアルバムが、『HABANA JAM SESSION』です。既存のバンドの作品じゃなく、ぼくがほれこんだキューバのトップミュージシャンたちにセッションしてもらった、その演奏を収録してるんです。どこの馬の骨ともわからない日本人が、好きだってだけで国民的ミュージシャンにも直談判にいくわけでしょう。トラブルしかなかったです（笑）。でも、そんな活動のなかで、しだいにかれらとの信頼関係も築いていけました。

カメラで食えなくてライター業も

☆**『ブエナ・ビスタ・ソシアル・クラブ』** アメリカの人気ギタリスト、ライ・クーダーと、キューバの伝説的なミュージシャンたちがセッションした一九九七年リリースのアルバム。世界的なヒットを飛ばす。さらに一九九九年、ドイツの映画監督、ヴィム・ヴェンダースがこのアルバムをもとにした同名のドキュメンタリー映画をつくり、これも大ヒットした。

カミータ・レーベルの第一弾アルバム『HABANA JAM SESSION』。

そんなことをやりながら、三十二、三歳になって、あいかわらず写真ではそんなに食えてなかった。そんなとき、出版社から、ライターの仕事ならあるぞって言われて、音楽雑誌で文章を書きはじめたんですよ。原稿用紙一枚（四百字）で千～二千円。CDやコンサートのレビュー、アーティストのインタビュー記事など、書く内容はいろいろです。このギャラ単価で月に十四万円稼《かせ》いだことがありました。書きすぎて偏頭痛がひどくなって、ちょっとセーブしました（笑）。

CDのライナーノーツはギャラがよくて、ひとつ書くと三万～五万円になるんです。最初にライナーノーツを書いたのは、まだレーベルを立ち上げるまえで、キューバのジャズ・トランペッター、エル・インディオの『ニュー・ホライズン』でした。日本中の音楽評論家のだれもかれを知らなかったけど、ぼくはキューバでのライブ通いでふつうに顔なじみだった。それを知ったジャズ雑誌『スウィングジャーナル』の編集長が、ぼくをレコード会社に推薦してくれたんです。

ライターとしてのキャリアを積んでくうちに、二、三年後にはなんでもやるようになってました。コンビニの求人広告から、どっかの企業の社長のゴーストライターまで。企業関係は原稿料がよくて、原稿用紙換算で一枚五千円くらい。そのうちライターとして認められて、同時にカメラマンとしての仕事も増えてきて、好循環でしたね。収入もだいぶ安定しました。

高橋さんがはじめてライナーノーツを書いたCD『ニュー・ホライズン』（ビデオアーツ・ミュージック、二〇〇一）。

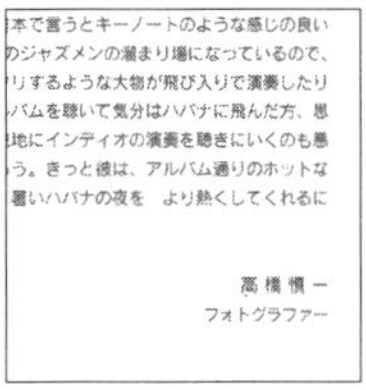
本で言うとキーノートのような感じの良い
のジャズメンの溜まり場になっているので、
りするような大物が飛び入りで演奏したり
バムを聴いて気分はハバナに飛んだ方、是
地にインディオの演奏を聴きにいくのも悪
う。きっと彼は、アルバム通りのホットな
暑いハバナの夜を　より熱くしてくれるに

高橋慎一
フォトグラファー

ライナーノーツの最後に署名が記されている。

CDをつくる費用は？

それと並行して、レーベルも順調にアルバムをリリースしていきました。シリーズにもなった『HABANA JAM SESSION』は、二〇〇六年にはキューバのグラミー賞CUBADISCOに入賞し、世界各地で発売され、海賊盤が販売されるまでになりました。完全自主制作の手づくり盤が、千枚完売したんです。

ちゃんとしたCDをつくるには、スタジオレンタル費、録音やミックスダウンやマスタリングの各エンジニアへの作業代、原盤作成費用など、一枚三十万円以上はかかるんです、本来は。ぼくは裏技を駆使して、破格でやってもらってましたけど(笑)、それでもけっこうかかってますから。赤字からのスタートです。

CDが一枚二千五百円でCDショップで売れると、中間マージンなどを差し引いて、レーベルには千百～千二百円入ります。先行投資分が売れて、やっとそこから収入になっていく感じですね。千枚売れたので、百万円以上にはなった計算ですけど、倉庫代とか、いろいろ雑費もかかるんですよ。キューバへの渡航費や滞在費もかかってるけど、それを計算に入れるときりがない。

でもその後、二〇一〇年代になると、いっきにCDが売れない時代に突入して……。キューバの社会主義体制にも陰りが見えはじめて、急速に社会が変化して

二〇〇五年にキューバで出会った若手サックス奏者。音楽学生だった。

二〇〇九年にリリースした『HABANA JAM SESSION』のベスト盤。

いきました。いいものはつくってるのに、出せば出すだけ赤字で、カメラマンとライターの収入をつぎこんで、なんとかレーベルを維持してる状態でしたね。

日雇い労働者からキューバ滞在を経て、なんと音楽レーベルを！　なかなかな紆余曲折《うよきょくせつ》だなあ。だけど、肝心の「映画監督」っていうキャリアはまだ登場しない。けっこう注目されてる映画監督なんだよね？　目の前のこのサークルのパイセンがそんなすごい人だなんて……、やっぱりウソなのか？

裸足でも金メダルはとれる

CDがあまりにも売れなくて、どうせ赤字ならでっかくお金を使って派手に遊ぼうぜって、キューバのミュージシャンたちを追ったドキュメンタリー映画を勢いで企画したんです。それが『Cu-Bop《キューバップ》――CUBA～New York Music Documentary』です。

二田さんに「おれは映画をつくる！」と宣言したんですよ。そしたら「カメラもないのにどうやって映画つくるの」って反論されて（笑）。ぼくは、「アベベは裸足でマラソン走って、オリンピックで金メダルをとったんだぞ！　カメラがなくても映画はできる！」って主張したんです。われながら名言（笑）。どこのメーカ

『Cu-Bop』はDVD化もされている。

ーの靴はいてたって、とりあえず走ることはできるじゃないですか。なんなら裸足だって走れるんです。まずは走りたいっていうパッションでしょう。細かいことは結果を出してからでいい。ぼくはむしろ、この映画が売れて有名になったら、好きなことができなくなって困るって心配してたんですから（笑）。

じっさい、『Cu-Bop』は二〇一五年に公開されると口コミで客足が伸び、渋谷のミニシアター、アップリンクで半年間のロングランになったんです。ドキュメンタリーとしては異例のヒットで、収益も黒字でした。

そんなとき、地方のミニシアターの支配人に言われたんです。「高橋さん、『Cu-Bop』が評価されて、『おれ、映画監督でいけるかな』ってちょっと勘違いしてるでしょ？　専業の映画監督にはなっちゃダメですよ。カメラマンやライターの収入があるなら、ぜったいに捨てちゃいけない。有名な監督さんもみんなお金に困ってるんだから」って釘を刺されました（笑）。

専業じゃなく兼業で表現活動をしていくっていうのは大事な考え方。とはいえ、『Cu-Bop』が相当なヒット作であるのはまちがいない。映画関係の仕事をめざすみんなのためにも、商業ベースに乗る映画を制作し、配給するポイントをパイセンに教えてもらいたい。まずは、映画ってどうやって撮るの？

上映館のポスター。見よ、この「満席」札！

前作を再撮影・再編集した世界上映版『Cu-Bop――across the border』も二〇一八年に公開され、各地で上映を重ねている。

『Cu-Bop』撮影秘話

第一歩は、ビデオカメラを用意することですよね。ぼくの場合は、友人が家族用に持ってたハンディカムを奪いとるように借りました(笑)。あとは勢いでキューバ行きの飛行機に乗って、着いたらその足でキューバ一のサックス奏者、セサル・ロペスの家を直撃。映画を撮りたいんだって伝えたんです。具体的な計画は何も立ってないですよ(笑)。熱意だけ。でも、彼はおおいに賛同してくれて。

激動するキューバを生きるかれらのいまを映しとるために、CD制作でつながりができていたミュージシャンに対象をしぼって、徹底してその生活に迫る音楽ドキュメンタリーをつくろうと思ったんです。だから、ホテルの予約はしない。寝袋持参でかれらに密着取材です。朝起きてから寝るまで、とにかく生活ぜんぶを映像に収めていきました。演奏シーンも、かれらが生活のなかで自然と演奏しだすのを待つので、めちゃくちゃ時間がかかる(笑)。

もうひとつ、いっしょに仕事をしてきたミュージシャンが、何人もニューヨークに亡命していて、かれら側の視点も撮りたかった。そこで二〇一一年、キューバで最初の撮影を終えると、すぐにニューヨークに渡りました。そこでかれらの生活を撮りつつ、最終的には、亡命中の暴走ピアニスト、アクセル・トスカと彼

セサル・ロペス。二〇〇八年に高橋さんが彼のCDをプロデュースし、そのCDから『Cu-Bop』のアイデアが生まれた。

のバンドメンバーをビザなしでキューバに帰国させ、ハバナの芸術大学でセサル・ロペスのバンドと対バンさせる、という無謀すぎる企画に挑むわけです。それが映画のクライマックスなんですが、クレイジーなキャラぞろいのミュージシャンたちのなか、いちばんクレイジーなのは監督だって言われました（笑）。

　日本とキューバ、ニューヨークを各五回行き来しつつ、撮影期間は足かけ三年。撮りためた映像は数百時間に及びました。映画制作が本格化してから、働く時間があまりにもなくなって、カメラマンとしての収入は半分になったけど、楽しくてしょうがなかったですよ。

　はじめに用意していた製作費の二百万円は、ぼくの交通費だけですぐなくなっちゃった。そこで二〇一二年、クラウドファンディングとブログで個人的に投資を募り、ありがたいことに約百万円の追加資金が得られた。それで編集ツールの購入、アメリカ上映のための英語字幕のネイティブチェック、整音などができました。撮影と編集はぼくが、通訳と字幕翻訳はスペイン語に強い友人たちがやってくれてたけど、どうしてもプロの手が必要な部分はありますから。あとはいろんな方のボランティア的な協力。すべてに人件費を発生させてたら、三百万じゃぜったいに不可能でしたね。

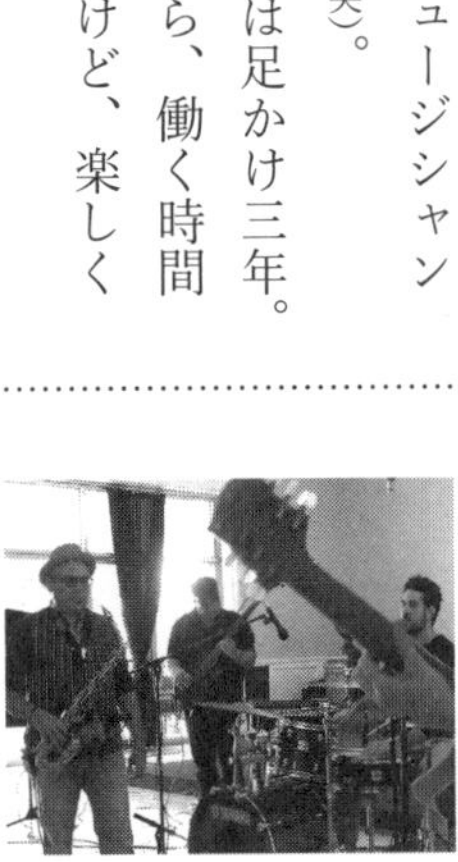

映画のハイライト。セサルのバンド、アバナ・アンサンブルの演奏シーン。

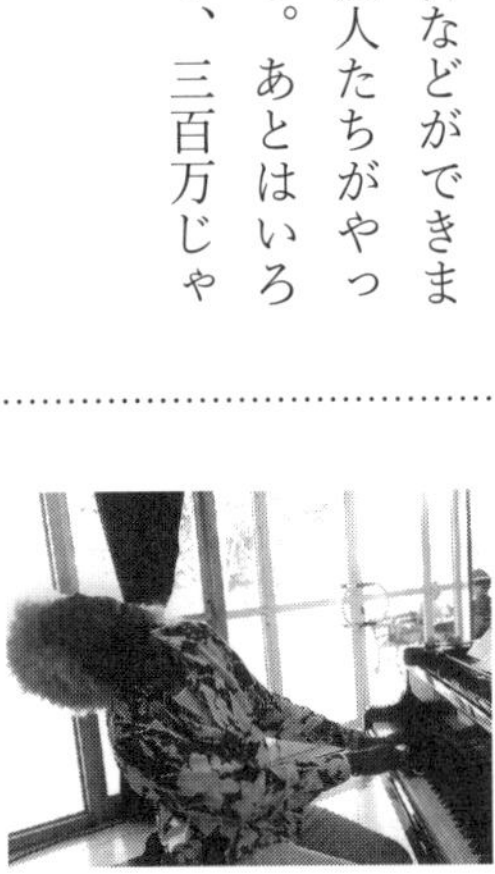

アクセル・トスカ。彼と仕事をするたび、高橋さんは心身ともに極限状態に追いこまれる。

えーと……、これ、映画関係の仕事をめざす人の参考になる？　ごめん、ならないよね？　寝袋持参でホテルは予約しないとか、捕まる覚悟で亡命ミュージシャンを社会主義国に帰国させるとか、ノウハウが特殊すぎだって！

とはいえ、お金のことは参考になるね。とくに、人件費をどこまで計算に入れるかっていう部分。作品をつくることにお金以外の価値を感じてくれる人の存在がなければ成立しにくいのが、こういう世界。でも、お金で動かないからこそ、純粋にそこに楽しみを見出すことができる。人はパンのみに生きるにあらず。精神の栄養がなければ死んでしまう生きものだから。

では、そんな心の栄養満点なパイセンから、みんなへのメッセージをどうぞ。

基礎体力は必要だ

もし映画監督になりたいなら、まずはカメラマンやライターとして、プロとして食べていけるレベルに達することです。イチローだって陸上選手なみの走力があるし、ゴダール（映画監督のジャン＝リュック・ゴダール）だって小説家レベルに文章がうまい。みんな、映画監督になりたいとか言うわりには、本も映画も音楽も知らなさすぎる。若いうちに知識の貯金をしないと。それが基礎体力になるんです。

『Cu-Bop』を映画祭に招待上映したワシントンのAFIシルバーシアター。伝統ある劇場に高橋さんの名前が光り輝いている。

ニューヨークの映画館MIST Harlemで観客の拍手に応える高橋さん。

ぼくは教養のかけらもない家庭で育ったけど、手塚マンガは買ってもらえた。それで文化に触れて、自力で基礎体力を身につけられたんです。クラシックのコンサートに行けなくても、マンガなら手が届く。マンガは偉大ですよ。

秋本治先生も尊敬してます。秋本先生は、三十五年間も『こち亀』を連載してて、いちども休載してないんです。たまにオフの日があると何をして息抜きしてたと思います？　こち亀じゃないマンガを描くんですよ。極端に言うと、そういう人間じゃないと、クリエイターには向いてないんじゃないかな。

そう言う高橋さんも、次回作であるロックミュージシャンのドキュメンタリー映画の撮影や、イベントの準備で大わらわで、ここ三か月、毎日二時間しか寝てないらしい。パワフル！　じゃあ高橋さんは、オフの日には何をするの？

いまは……寝たいです……。

どないやねん！

映画監督の仕事部屋。複数台のパソコンに占領された机のほか、本やCDが並んだ棚に囲まれる。

長男・常一くんとの時間も最高の息抜き。

キューバ人のように生きろ?

ぼくもいい年ですから(笑)。でも若い人は、基礎体力をつけて、やりたいことに本気で飛びこんで、ダメならキューバに逃亡すればいいんですよ(笑)。キューバは物価も安いし、国民全員、住まいだけは保障されるんです。

あと、キューバ人って、音楽とエッチなことに対する集中力はすごいんですけど、それ以外はほんとにルーズで(笑)。それにはいい面もあって、水がなくても電気がなくても平気。仕事をクビになっても「ラッキー!」って言う(笑)。過労死なんてのもありえない。

これから、キューバにもどんどんマクドナルドとかが進出してきますよね。そうなったらキューバが根底から変わってしまう、っていう批判がある。でも、あるミュージシャンがこう言うんです。「キューバは変わらないよ。だって、そのマクドナルドで働くのはキューバ人だろ? ぜったいにファストフードにならないよ!」って。たしかにあの国じゃ、マクドナルドもバーガーキングも恐れをなして撤退するかもしれない(笑)。まあ、それは言いすぎかな。マジメに働いてる連中もキューバにはいます。え? そうですね〜、ホストとホステスはかなりマジメに働いてますよ(笑)。

日本のジャズシンガー・emaをハバナで撮影。「もちろん、女性ばかりを撮っているわけではないです」との談。

過剰なエネルギーと楽観的な人生観。エッチなことばかり考えながら、仕事には厳しく向きあう。パイセンの人間力は圧倒的だったぜ！　好きなことをやるのに理屈はいらない。衝動に従うこと。ほんとうにそれがしたい熱意を表現すれば、きっと、もうけ度外視で手を貸してくれる人が現れるはずだから。

　さあ、ぼくも衝動に従って、仕事が終わったらキューバ旅行だ。寝袋があればホテル代はかからないとして、せめて飛行機代は必要だよな……。だれか、お金貸してくれる？

［先輩］No.8

素潜り漁師
中村隆行
［なかむら・たかゆき］

おもしろい漁師さんがいるという話を聞いて、はるばる鳥取県大山町にやってきた。JR山陰線の下市駅に着いたぼくを出迎えてくれたのが、うわさの漁師・中村さん。軽トラで彼のアジトのひとつ、コミュニティ・スペース「まぶや」まで送ってくれるという。

道中、さっそく素《す》潜《もぐ》り漁師の話を聞かせてもらう。酸素ボンベもなしで深く海に潜って、サザエやアワビをとったり、研究を重ねて編みだした技術で加工したワカメを販売したり……、いろいろやってるんですね～とさらに話を聞くと、アート・イベントの企画や主催、テレビ出演に子育て支援、婚活パーティーの企画もしてるとか。え？　この人、ナニモノ？　そんな疑問が浮かんできたとき、軽トラがまぶやに到着した。中村さん、ほんとに漁師さんなの？

KEYWORD

- バーテンダー
- 漁師
- 素潜り
- 起業
- 移住
- 地域づくり
- 鳥取県大山町

ほんとに漁師さんなんですよね？

はい、ぼくは漁師ですよ（笑）。素潜《すもぐ》りで海に入って、アワビやサザエ、岩ガキなんかをとって、水揚げして、市場で販売するんです。もともと高級食材なうえに、京都への観光客の増加や東日本大震災の影響で、西日本の食材の値段はぐんと上がりましたからね。以前は、アワビは一キロ五千円～八千円くらいだったのが、いまは二・五倍くらいになってますからね。その収入が年間六百万円くらいになります。

天日干ししたワカメを販売する「株式会社漁師中村」も経営しています。

あるとき、市場でワカメが一キロ百円くらいで取引されてるのに気づいたんですよ。これ、自分でとって、もっとおいしく加工して付加価値をつけて売れば、商売になるぞと思って。ワカメは、干すときの風向きや日の当たり方で、殺菌効果や発酵効果がぜんぜん違ってくるんですけど、大山の風土の特徴と絞りワカメっていう加工技術を組み合わせて、三年かけてすっごくいいワカメを開発したんです。それがいまは年間五千袋くらい売れるようになってます。その収入が年間三百万円くらいですね。先輩漁師たちもはじめは「ワカメなんか」ってバカにしてたのが、いまや、みんなまねしてますからね（笑）。

はい、ちゃんと海に潜って、サザエをとってます。

漁師中村として、ワカメの販売もしています。

気もちのリテラシー
「わたし」と世界をつなぐ12の感情

八巻香織著
イワシタ レイナ絵

行き場のない気もちの落としどころって？「おそれ」を感じるから安心や安全がつくりだせる。「NO」と言うからYESが見つかる。12の感情の持ち味と、つきあい方がわかる本！

【付録】感情タロット＆トランプmini。　A5判・本体1700円

ひとりでできるこころの手あて
［三訂版］

八巻香織著
イワシタ レイナ絵

ひとりでできないことがある。だから、ひとりでできることがある。いま痛みがあっても、「私」はわたしのいちばんの味方になれる。多くのファンをもつセルフケア・ブックの新装三訂版。（2020年11月刊）　A5判・予価:本体1500円

子どもの扉がひらくとき
「モンテッソーリたんぽぽ子供の家」の子育てから

小川浅子著

自立した人間になるという大仕事を、子どもは全生命をかけてゆっくりと学んでいく──。創設33年を数えるモンテッソーリ園の園長が、たくましく育つ子どもたち、ともに変わっていく親たちの姿を伝える。四六判・本体1800円

世界を変えるための50の小さな革命

P・バッカラリオほか著
上田壮一日本版監修 有北雅彦訳

人気冒険ガイド第3弾、今度の標的はSDGs！ 環境破壊、貧困、スマホ依存、ウソ、偏見……。このまちがった世の中にガマンがならない？ さあ、同志とともに、世界をよりよく変える50の革命を起こせ！　四六変型判・本体1600円

あなたは何で食べてますか？
偶然を仕事にする方法

有北雅彦著

世の中には、こんなにさまざまな仕事があり、食べていく道がある！　物語屋、珍スポトラベラー、素潜り漁師……に、かれらはなぜなれたのか。驚いて笑ってグッとくる、エンタメ的進路参考書。　四六判・本体1600円

太郎次郎社エディタス

新刊案内 2020秋・冬

表示価格は2020年10月現在の
税別・本体価格です

下山の哲学

登るために下る

竹内洋岳 著
川口穣 構成

四六判・並製・256ページ
本体1800円

ヒマラヤ8000m峰
登頂後の世界

「頂上は通過点にすぎない。そこから下ってきて完結するのが登山なのだ」。日本人で唯一、8000m峰14座すべての頂に立った登山家は、どのように山を下ってきたのか。山岳書初（!）の「下山」ドキュメント。

ほどよい距離でつきあえる

こじれないNOの伝え方

八巻香織 著

四六判・並製・96ページ
本体1000円

「そうは言っても…」と
あきらめるまえに

「NO」と言えない、断われない。それって性格のせいじゃない。さまざまな場面でNOを伝えるときの基本のステップから、悩ましいケースまで。
こじれない、こわれない、つぎにつながるNOのレッスン！

テンション上がったら、死んじゃいます

素潜り漁に出れるのは一年のうち百三十日くらいなんですよ。ざっと三日に一回です。二百三十日くらいは休みなんです。しかも、漁は午前中だけ。漁協で操業時間が決められてますから。漁師って、時間だけはあるんですよね。っていうと、めちゃくちゃラクな仕事と思うかもしれないですけど（笑）、天候に左右されるし、命の危険はもちろんある。死にかけたことだってあります。

二十八、九歳くらいのときです。このあたりは対馬海流の影響で潮が速いんですよ。そのころは若くてアホだったんで、潮とか気にせずに岸から六、七百メートルくらいの沖に出てました。泳ぎの疲れって、二時間後に出るんですけど、海に入ってからいつのまにか二時間がたってて、とつぜん足の筋肉が痙攣《けいれん》しはじめて、意識も遠くなって。死んじゃう！　って思って、浮いてるたて桶にしがみついて、意識を失わないように大声で叫んで……、ってしてたら、運よく潮向きが変わって、潮が岸のほうへ流れはじめたんです。それで岸にたどり着いて……、潮向きが変わっていなかったら死んでましたね。

窒素酔いによるブラックアウトもこわいですよ。ぼくは何度も経験してます。深く潜って長くとどまったあとは、ゆっくり上がらないといけない。急いで上がる

これがたて桶。獲物入れにも、浮きにもなる。

と、血液中の窒素の泡がいっきにふくらんで、血管が切れたり、意識を失ったり（ブラックアウト）するんです。少しでも多くとりたくて、欲ばって長く潜ったあとであわてて上がったり、何回も潜りすぎるのもよくない。意識が遠のいて、やばい！ってあせって動悸が激しくなると、よけいにダメ。むちゃくちゃいいアワビを見つけてテンション上がったりしても、ダメなんですよ（笑）。十七年の経験で、海中ではリラックスした状態がいかに大事かわかったけど、最初のころは、いいアワビを見つけたら、やっぱりドキドキしましたね（笑）。でもダメです。動悸がしたら、死が早いんです。

おいしそうなアワビを見つけたら、そりゃテンション上がるよね～！　でも、それでほんとに死んじゃうこともあるっていうんだから恐ろしい。自然を相手にするのって、やっぱり命がけのハードな仕事なんだよね。
それにしても中村さん、そんな危険な仕事を、なぜわざわざ選んだの？

最初の仕事はバーテンダーでした

ぼく、生まれは埼玉で、高校を卒業して東京・新宿の飲食店に就職したんです。

昼間は接客、夜はバーテンダー☆として。それで、すごく不摂生《ふせっせい》になっちゃったんですよね。バーテンダーはお酒を出す仕事だから、自分もお酒の味を覚えちゃって。仕事が終わる十一時すぎから始発電車の時間までアルバイトのみんなと飲んで、仮眠したらまた働いて……。二週間くらい毎日二時間しか寝ずに飲みつづけたりもしましたね。

ある日、新宿の歌舞伎町で飲んでて、ふと目が覚めたら、道で倒れてたんです。で、身につけていた六、七万した腕時計も、いい傘もぜんぶなくなってた。とりあえず警察に行ったんですけど、自業自得だろって感じであしらわれて……。そのときふっと、この生活に限界を感じて、やめちゃったんです。

そのあとは、静岡県の伊豆の旅館で住みこみで下働きしたり、横浜でまたバーテンダーをやったりしました。新宿時代の不摂生で体力が落ちてたのをとりもどしたくて、伊豆では仕事のあいまに泳いだり、電車で知らない駅で降りては歩いて旅したりしてました。

あるとき、たまたま行った山が、芥川龍之介の『トロッコ』に登場する日金山って山だったんです。それで芥川とか文学に興味がわいて、本を読みはじめました。ていうのもあり、勉強して、社会人入試で大学に入ろうと思いたったんです。それまで、まじめに勉強したのって十日もなかったくらいなんですけど(笑)、新

☆**バーテンダー** 店員と客が向き合うカウンター席のあるバーなどの酒場で、ときに話し相手になりながら、客の好みにあったお酒をつくって提供する職業。

新宿の飲食店で働いていたころの中村さん。

聞配達しながら一年間勉強して、東京水産大学（現・東京海洋大学）を受験しました。ぼくはジャック・マイヨール☆がすごく好きで、海にかかわる何かがしたかったんです。でも、みごとに落ちた。翌年受けた高知大学も落ちて、最後の望みが富山大学。そのときはお金が底をついてて、埼玉の実家から富山まで自転車で受験にいったんですよ。六百キロを三日間かけて。着いたときは疲労困憊《こんぱい》で（笑）。論文も面接もダメで、「自分には学問は無理だ、体力しかない！」って再確認しました。

三十以上の職種を転々と

で、せっかく富山に来たし、砺波《となみ》市のブドウ園で働くことにしました。富山市から園まで二十キロ、走って通勤してたんですよ。上半身裸で。え？　がんばれるじゃないですか、そのほうが。上半身裸のやつが歩くわけにいかないでしょ？そしたら、「真冬の富山で、上半身裸でブドウ園に走って通勤してるやつがいる」って評判になって（笑）。けっこう気に入られて、仕事を任されるようになったんですが、着いた時点でヘロヘロなんですよ。風は気持ちいいし、太陽はあったかいしで、オーナーさんの目がないと、働く気にならない（笑）。このときに地方の魅力に気づいて、ブドウ園をやめてしばらくは全国を自転車旅行しつつ、いろんな仕事を経験しました。

☆**ジャック・マイヨール**
一九二七年—二〇〇一年。フランス人フリーダイバー。リュック・ベッソン監督『グラン・ブルー』の主人公のモデルとして有名。水族館で働いていたとき、イルカに水中での泳ぎを学ぶ。一九七六年、人類ではじめて水深百メートルのフリーダイビング（素潜り）に成功。著書に『イルカと、海へ還る日』（講談社）など。

その後また関東にもどって、窓拭きとか宅急便とかで働いて……バーテンダーから数えると、三十以上の職種は経験しました。でも、どれも長続きしなくて。それで対人恐怖症みたいになっちゃって。そんなとき、たまたま受けたセミナーで青年海外協力隊の方が「一歩足を前に出して。がんばれば、かならず前に進めるから」って、体全体で表現してくれたんです。それがすごくうれしくて。それから障害者介護の仕事について、一年くらい働いているうちに、元気づけられ、人とも話せるようになり、強くもなっていきました。

そんなある日、転職雑誌で、鳥取で一年間、素潜り漁師をして田舎暮らしができる「とっとり田舎暮らし体験事業」の募集を見つけたんです。「これだ！」って思いました。すぐに青春18きっぷ☆を買って、ローカル線で二日かけて大山町に来たんです。二十六歳の冬でした。

大山にたどり着くまでには、そんなに紆《う》余《よ》曲《きょく》折《せつ》あったのか！　三十回以上の転職って、なかなかハードだぞ！　やっぱり体力って大事だよね。

さて、大山に来たからって安心するのはまだ早い。まったくの未経験から、素潜り漁師ってかんたんになれるの？　それに、知り合いもいない新天地での生活はどうだったの？

☆**青春18きっぷ**　二十八ページの注参照。

やめようと思った日、海に救われる

住まいは行政が用意してくれました。家賃八千円、一階と二階に六畳の部屋がふたつずつある一軒家です。昭和四、五〇年代築くらいの県営住宅で、トイレはくみとり式。古いけど住みやすかったですよ。ただ、冷蔵庫も洗濯機もない。段ボールをテーブルにして、明かりはろうそくだけ。そのとき五万円しか持ってなかったんです。役場の職員さんが自腹で二十万円を貸してくれて、ほんとうに助けられました。

切りつめて生活しないといけなかったんで、海岸で、韓国から流れついたであろう、ハングル文字の書かれたサンダルを拾って履いたり、こぐとカタカタ鳴る部品の足りない自転車を拾って乗ったりしてました。そしたら、それがぼくのトレードマークになって、カタカタいう音が聞こえたら、「中村が来たぞ」って言われるようになって(笑)。いろんな人にTシャツもらったり、唐揚げもらったり。

しばらくは完全に修行の日々でした。先輩が潜ってるのを見て盗むって感じです。でも、三か月くらい修行しても芽が出なくて、体重も十キロ以上減った。ある日、潜ってたら、涙が止まらなくなって、もうやめようって思ったんです。ところが、そう決めて浅瀬にもどったら、すごいサザエの群れを発見して、その日、

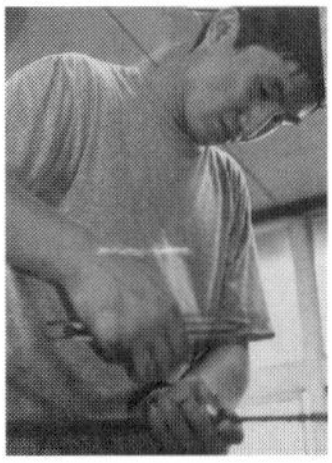

見習い時代。網仕立ての修行中。

だれよりもとれたんですよ。海って平等だなっていう感謝の気持ちがわいて、やめようって気持ちもなくなってました。そのときから、少しずつ素潜り漁が上達していきました。苦労はしたけど、ここにいることが楽しくなった。

素潜り漁はすごくハードなので、ポカリスエットを毎日飲んでたんです。ディスカウントストアなら半額だけど、やっぱりお世話になってる人たちから買おうと、商店街で毎日ケース買いしてました。そういうの、みんな評価してくれるんですよね。不思議なもんで、そうしてるうちに、だんだん素潜り漁で収入が得られるようになってきたんです。

いや〜、長い道のりだった！　海にかかわる仕事がしたいという思いをみごと、かたちにしたわけだね。二十九歳のときには現在の奥さんに出会い、初対面のその日にプロポーズして交際をはじめたらしい。漁師の仕事もさることながら、その強引さもぜひ教えていただきたいな！

ほぼ無一文からの復活

ところが、やっと漁師の仕事が軌道に乗ってきたとき、三百万円を投資した仕

新婚時代。真ん中が、仕事のパートナーでもある加奈子さん。漁業担い手研修で沖縄にいたとき、旅行者の加奈子さんに出会って一目ぼれ、その日のうちにプロポーズした。

事道具の網がボヤで燃えてしまう事故が起きたんです。腰が抜けるっていう感覚をはじめて味わいました。ほぼ無一文になった。夜、妻と布団のなかでぶるぶる震えて、三日間、眠ると真っ赤な夢を見て……。でも、やっぱりまわりの人が助けてくれたんですよ。町が臨時で議会を開いて、損害の三分の二を保障してくれたんです。それで道具を買いなおして、なんとかやりなおせたんですけど、金銭トラブルで人間関係に亀裂が入ったり、妻の手術があったりで疲弊して……、四年間くらいずっと心がへこんでました。

ようやく二〇一〇年になって、いい感じに転がりだしました。三十七歳のとき。家も購入できたし、「株式会社漁師中村」も設立した。それを知って、起業のやり方を教えてくれって集まってきたふたりがいて、そのふたりとぼくとで、地域づくりの活動をするために「築き会」を結成したんです。素潜り漁で働いてる時間って、年間百三十日の午前中だけだから、わりと自由に時間を使えるんですよ。

築き会の大きなテーマは「婚活」「移住促進」「アート」「遊育」で、婚活パーティーもその一環ですね。大山町の若者と他地域の若者をお見合いさせて、結婚をきっかけに大山町に移住してもらうっていう計画。大山町からの委託でやってて、いままでに百三十名ほどが移住してくれてます。定住率は八八％もあるんです。それが話題になって、大山町の南の日野町からも委託されるようになりました。年

バーベキュー交流会。大山町を元気にするために、心をこめて肉も焼く。

婚活パーティーも開く。

間百万円いただいて、活動と運営をしました。

はじめは三人だった「築き会」だけど、同じような若手起業家が集まって、四十人の大きな会になっちゃった(笑)。地元のケーブルテレビに出たり、新聞に掲載してもらったり、人に見られることで会も成長してきた気がします。人が少ないぶん、がんばれば注目されるっていうのが、地方のいいところですよね。

なるほどね〜。婚活パーティーは、いわば自分を育ててくれた鳥取・大山への恩返しとして、地域活性化の目的でやってるわけだ。このあたりは高齢率が五〇%を超えている超高齢地域。ほうっておくと、どんどん人口が少なくなるのは明白だから、意義のある活動だよね。

築き会ではほかにも、アーティストを海外から大山に招き、滞在しながら創作活動をしてもらったり、おしゃれなコミュニティ・スペース「まぶや」をつくったりと幅広く活動中。楽しそうなところに人は自然と集まるもんだからね。

でも、中村さん、移住者百六十人を達成したら、その活動はきっぱりと後輩に引きつごうと思ってるらしい。なんでまた？

ビール交流会も率先して盛り上げる！

まぶやの前で、十三年ぶりにできた後輩と。

つぎの目標は、水深三十メートル自由自在

素潜りをもっともっと極めたいんです。目標は水深三十メートル自由自在です。感覚的にも、意識のうえでも、自由自在に三十メートルを潜れるようになりたい。ブラッド・シフトっていう状態があるんですよ。クジラやイルカは潜水すると、心臓・腎臓・肺・脳とか、大事なところにだけ血液が集中して、長時間呼吸を止めて水中で行動するのにすごく適した状態になるんです。人間でもそういう状態になれることを、ジャック・マイヨールが科学的に解明したんです。その状態をいちばん体験しやすいのが、三十メートルくらいなんですね。

浮力って、浅いところでほど強く、海底に向かうほど弱くなる。だから深く潜っていくと、何もしなくても自然に沈んでいくんです。そうしてるとね、海から生命が生まれて、陸上に上がってさらに進化してきた、数十億年の歴史をイメージできるんです。光も音もなくなっていって、宇宙みたいに神々《こうごう》しい。水面を見上げると、自分の出す空気の泡に光が反射してきらめいてる。波の動きで風まで感じる。重力から解き放たれて、心と体が一体になる感覚です。

いまはまだ二十メートルくらいまでしか潜れてないんですが、日本海の深い場所は、ほんとうにきれいですよ。東風のときがとくにきれいで、リマン寒流の冷

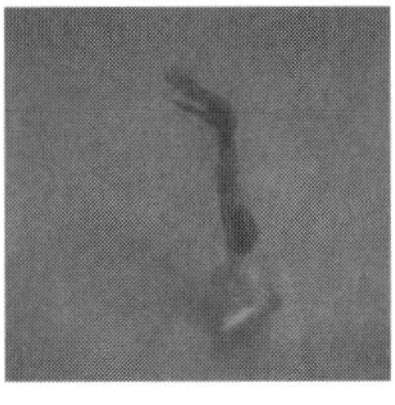

海底まで潜る中村さん。有北のようなカナヅチたちへの助言を求めると、「だいじょうぶ。泳がなくとも、海からのエネルギーを受けて、自由に身をこなせるようになれます。心です」。深い……。

たい海流の影響で、透明度が増すんです。自由自在に潜れるようになった日本海の水深三十メートルを、映像で表現して世の中に伝えたいです。

そうすることで、自己満足にとどまらずに、地域にとってもメリットを生みたいんです。協力してくれる人が収入を得られるしくみもつくりたいです。たとえば、大山町に来てくれた水中カメラマンが、ここの仕事で飯を食っていけるとか。

結局、田舎のいちばんの課題って、仕事の種類が少なすぎることなんです。仕事といえば、公務員、農協、ガソリンスタンド、農業、漁業……。せっかく人が移住してきても、仕事がないんじゃ生活できない。だから、ぼくがつないできたもので仕事を生みだしたいんです。

築き会の活動もそうだけど、自分のやりたいこと、みんなが楽しめることで自分も収入を得て、雇用も生みだしているのがイイよね。
仕事って、何をやるのかはもちろん大事だけど、だれとやるのか、どこでやるのかもすごく大事。いまいる場所がどうしても自分にあわなければ、場所を変えてみるのもひとつの手だよね。生きるための大事な術だ。

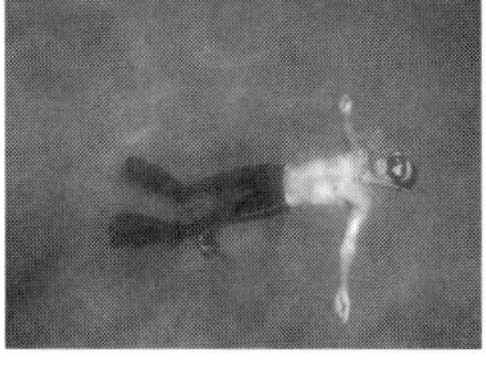
海中でリラックスしながら水面を見上げる。

人とのつながりがあってこそ

でも、軽い気持ちで移住しても、結局は長続きしません。受け入れる側も、そこはしっかり見極めてあげないといけないですね。地域にとっても、なんでもかんでも受け入れてたらプラスにならない。物事にはすべて、よい部分も悪い部分もありますから、自分にとってどうするのがいちばんいいか、人の意見に流されずに、自分の頭で選択することです。まあ、衝動的に鳥取に来ちゃったぼくが言うのもなんですけど（笑）。

都市部に住んでると、行政と民間の接点はなかなかないけど、地方では両者の距離が近いので、ちょっとしたきっかけで行政の仕事にかかわれるのは強みです。テレビも身近ですね。地域の取り組みが広がるのにテレビの力は大きいですから、ぼくもPR活動の一環でちょいちょい出演させてもらってますよ。こないだはなぜか番組の企画で、ボウリング対決をするはめになりましたけど（笑）。おかしいな～、たしかアートイベントの宣伝に行ったはずなんだけど（笑）。

ほかにも、移住をテーマに講演をさせてもらったり、たまたまそれを聞いてた絵本作家さんが、ぼくのエピソードを題材に絵本を描きたいなんて言ってくれたり。そんなこと言われるなんて、新宿の飲食店で働いてたときは思ってもなかっ

移住と仕事がテーマの講演に招かれた中村さん。

た（笑）。おもしろいなって思いますね、人生は。

でも、自分ひとりでは何もできなかったし、こうやって漁師として独り立ちできたのも、いろんな活動をさせてもらえるのも、ぜんぶ人とのつながりがあってこそです。地域の力って偉大ですよね。

生活が苦しいなか、多少高くても地元のお店で買いものをして、地域にお金を還元していたという中村さん。それって、なにも移住にかぎった話じゃない。安ければいい、早く届けばいい、っていうんじゃなくて、だれに、どういう気持ちでお金を使うかも、人と人がかかわって生きるうえで大事なことだよね。

いつも道ですれ違うおばさんが小さなお店をやってるなら、ちょっとのぞいてみればいい。そこでポカリスエットでもポテトチップスでも買ってみればいい。はじまりは単純なことなんじゃないかな。

大山町を訪ねる人は、この笑顔でお出迎え。

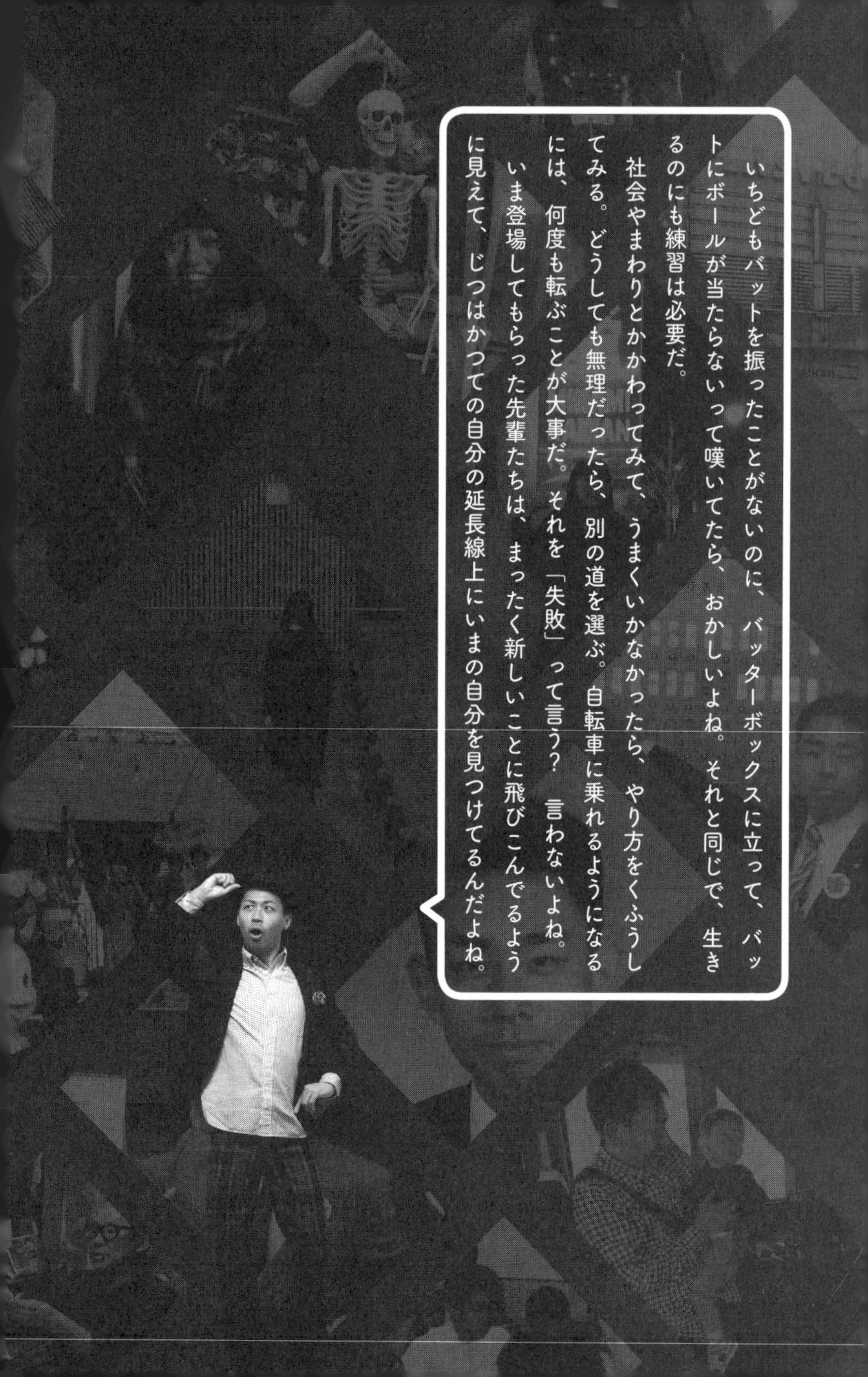

いちどもバットを振ったことがないのに、バッターボックスに立って、バットにボールが当たらないって嘆いてたら、おかしいよね。それと同じで、生きるのにも練習は必要だ。

社会やまわりとかかわってみて、うまくいかなかったら、やり方をくふうしてみる。どうしても無理だったら、別の道を選ぶ。自転車に乗れるようになるには、何度も転ぶことが大事だ。それを「失敗」って言う？　言わないよね。

いま登場してもらった先輩たちは、まったく新しいことに飛びこんでるように見えて、じつはかつての自分の延長線上にいまの自分を見つけてるんだよね。

第三幕

好きなことだけしすぎ

それじゃあ、つぎでいよいよ最終幕。登場するのは、だれもがいちどは夢見る、「好きなことで食べていく」道を選んだ先輩たちだ。

［先輩］No.9

京都みなみ会館館長

吉田由利香

［よしだ・ゆりか］

二〇一八年三月三十一日、老舗《しにせ》映画館・京都みなみ会館が移転のために一時閉館した。一九六三年の開館以来、ピンク（成人向け）映画館になったり紆余曲折ありながらも、五十五年も愛されてきた伝統ある映画館。ほかにはないラインナップと、「手づくり4DX上映」などの意欲的な企画で、関西の文化基地となっていた。

吉田さんがその館長になったのは二十四歳の若さだったとうわさに聞く。すごい人だ！　でもキツめのバリキャリ女子だったら、ちょっと萎縮しちゃうな……、いや、逆にアリか……。

しかしぼくの予想（妄想）とは裏腹に、雨の京都に現れた吉田さんは、ロフトでショッピングでもしてそうな、かわいらしい女性だった。ほんとにこの人が映画館の館長？

KEYWORD

- 映画館館長
- 経営者
- チケット売り上げ
- 映写
- 文化の発信
- 記憶づくり
- 京都

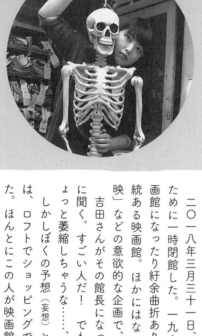

映画館館長の仕事って？

館長業務は激務ですね。深夜二時ごろに帰宅して、晩ごはんを食べて、朝五時に寝て、お昼ごろに起きて、午後一時か二時に出社、っていう生活です。映画館じたいは朝十時から。一日に七本くらいの映画を上映してます。そのあいだに私は、観客対応や配給会社との連絡などをやる。夜九時半までに最後の上映をはじめて、二十三時に上映終了。そこから残務をやってたら深夜一時。で、帰ったら深夜二時で……っていうくり返しです。

作品の封切（公開）直前がとくに忙しいんです。上映準備、監督の舞台挨拶《あいさつ》があるならその打ち合わせ、グッズやパンフ販売の準備。お客さん入るかな〜っていうハラハラ感も（笑）。爆音上映、しかけ満載の「ギミック・シアター」☆、ミュージシャンの生演奏とコラボする「マッチアップ劇場」☆など、特殊なイベントがあるとさらに仕事が増えます。年間三百本の作品をかわるがわる上映してますから、毎日、何かの封切直前なんです。何かが終わったらすぐ別のがはじまる。フライヤー（チラシ）の作成、ネットでの情報公開や拡散、配給会社とのやりとりはつねにある。ずっと文化祭前日みたいな感じです（笑）。明日公開なのに、何もかもまにあってない〜って（笑）。月二回休めればいいかなって感じです。

☆ギミック・シアター
内容とからめて、客が驚くギミック＝しかけを用意し、その映画を何倍も楽しめるようにする上映方法。京都みなみ会館では、『ティングラー』などを手がけた映画プロデューサー、ウィリアム・キャッスルの大特集を組み、一九五〇年代後半のアメリカで大流行した当時のギミック上映方式を再現。空中を舞う光る骸骨、震える椅子、失神者とナースが現れるかも!?な「手づくり4DX上映」を成功させた。

☆マッチ・アップ劇場
マッチ・アップは英語で「対戦」。映画とライブの対バン企画。〈『唐獅子株式会社』×曽我部恵一〉、〈『ギター弾きの恋』×渡辺俊美〉などを開催。

旧館のときは、アルバイトをふくめて十人で回してました。他館にくらべると、少し人数は多めですね。新館では、スクリーン数が増えるので、十二〜十五人くらいでやっていく予定です。

土日祝日が書き入れどき。木曜と金曜は会員サービスデーなので、あるていどはお客さんが入るんですけど、平日昼間とか、終電まぎわとかの上映は、お客さんが十人未満とかざらにあります。従業員のほうが多いやん、っていう（笑）。そういう状況を、集客力のあるイベントで補わないと、経営は難しいですね。

全力イベントで暗黒時代を脱出

京都みなみ会館のオーナーは巖本《いわもと》金属という会社ですが、もともと企画・運営はRCSという会社に委託していました。私がここに就職した二〇一〇年はそのRCSが撤退した直後で、集客が落ちこみ、暗黒の時代でした。二年後に私が館長になったとき、もういちどお客さんに来てもらおうと一念発起して、かつて盛んだった特集上映やオールナイトイベントも復活させたんです。

オールナイトは、平均で年に三十回、いままでに百五十回以上はやってますね。開催の一か月前には、スタッフが集まって企画会議。パソコンを囲んで、そのときの流行りをツイッターで検索したり、全員で話し合って内容を決めます。

京都のバンド、Homecomingsのライブつき上映。映画はウェイン・ワン監督の『スモーク』。

小さな女の子の冒険映画を特集した「アリスメンタルジャーニーNight」。

郵 便 ハ ガ キ

料金受取人払郵便

本郷局承認

4478

差出有効期間
2022年
10月31日まで

1138790

(受取人)

東京都文京区本郷3-4-3-8F

太郎次郎社エディタス行

[読者カード]

●ご購読ありがとうございました。このカードは、小社の今後の刊行計画および新刊等の
ご案内に役だたせていただきます。ご記入のうえ、投函ください。 案内を希望しない→□

〒

ご住所

お名前

☎

E-mail 男・女 歳

ご職業(勤務先・在学校名など)

ご購読の新聞	ご購読の雑誌

本書をお買い求めの書店	よくご利用になる書店
市区町村 書店	市区町村 書店

お寄せいただいた情報は、個人情報保護法に則り、弊社が責任を持って管理します

書名 [　　]

●―この本について、あなたのご意見、ご感想を。

お寄せいただいたご意見・ご感想を当社のウェブサイトなどに、一部掲載させていただいてよろしいでしょうか?　(　可　匿名で可　不可　)

この本をお求めになったきっかけは?

●広告を見て　●書店で見て　●ウェブサイトを見て

●書評を見て　●DMを見て　●その他　よろしければ誌名、店名をお知らせください。

☆小社の出版案内を送りたい友人・知人をご紹介ください。

おなまえ《ふりがな》

ご住所

〒

印象的だったイベントは多いです。たとえば「ファンタスティック！　SFナイト」。『ファンタスティック・プラネット』などのサブカル映画の特集上映でした。ファッションやデザインに興味がある若い女の子が押しよせて、第二弾も企画しました。そのときに学んだのは、SNSやフライヤーでの情報発信で大事なのは、出演者やストーリーよりもまず、読みたくなるビジュアルがついてるってこと。宣伝素材のデザインはずっと私がやってますが、すごく気をつかうポイントです。

また、個人的な趣味全開でやったのが、二〇一八年の「祝二十周年『カウボーイビバップ』一気見ナイト」。夜八時から翌朝八時まで十二時間、アニメ「カウボーイビバップ☆」全二十六話を上映しつづける（笑）。作中に登場する「肉なしチンジャオロース」を再現する企画も用意しました。それまで自分の好みを出すのははずかしかったけど、開きなおって（笑）。そしたら全国各地からお客さんが来てくれて、補助席まで出す大入り。動画配信サービスのNetflixで全話観れるのに。映画館で体験を共有するおもしろさをあらためて感じました。

人気アイドル俳優の特集オールナイトを組んだこともあるのですが、結果は惨敗でした。SNSの「いいね」はいっぱいつきましたけど。満席だと百五十四人入るのに、十人ちょっと（笑）。彼のファンは、オールナイトに行けないくらい若

☆**カウボーイビバップ**
一九九八年に放映されたテレビアニメ。二〇七一年の太陽系が舞台のSFで、宇宙船・ビバップ号で旅をする賞金稼ぎ「カウボーイ」たちの活躍を描く。ジャズをはじめとするクールな音楽と粋なセリフで魅了し、国内外に熱狂的ファンをもつ。写真は上映時のチラシ。

い子たちか、もっと上の主婦の方たち。企画と客層がかみ合ってなかったんです。大赤字でした（笑）。

そんな京都みなみ会館だが、建物の老朽化が原因で、いまは一時閉館中。移転と新館オープンが正式に決まり、吉田さんは多忙な毎日を送っているけど、当初は再開のめどが立ってたわけではないのだとか。

二〇一八年三月三十一日。閉館前最後の夜は、台湾の名匠、ツァイ・ミンリャンの『楽日』を上映しました。ある映画館の楽日（最終営業日）の人間模様を描いた映画で、ラストシーンは、だれもいなくなった客席の映像がスクリーンに映しだされるのですが、現実の客席は超満員のお客さんだった。奇妙な鏡合わせのような光景のなか、みなみ会館を愛してくれてたお客さんのすすり泣きが聞こえてきました。その時点では、いつどこで再開するかは白紙の状態でした。でも、かならず再開すると心に誓って、五十五年の歴史に幕を閉じたんです。

高校生や大学生だったとき、映画を観にいくのってちょっとしたイベントで、思い出にすごく残ってる。そういう場にかかわれるって、ロマンのある仕事だ

最終上映の日は、客席の通路での立ち見が出るほど、お客さんが集まった。左は『楽日』上映中。

よね。気になるのは、そんな映画館の館長に、しかも二十四歳でどうやって？ってこと。もしかしたら、先代館長の娘さんで、後を継いだとか？

高一で寺山修司の洗礼を受ける

私は京都市の左京区で生まれ育って、いまは東山区に住んでます。ずっと京都に住んでいると、そのせまさに息苦しくなるときもあります。東京にあこがれた時期もありましたけど、完全に地元を出るタイミングを逃してしまいました（笑）。

ちっちゃいときから美術の成績だけはずっと5で、銅駝《どうだ》美術工芸高等学校の染織科に入りました。デザイン科は倍率がすごかったので（笑）。三年間ろうけつ染め☆を学んでましたけど、そういう分野って、既製品をつくる会社に就職するか、人生をかけて染色作家になるか、道がふたつに分かれてるんですよね。でも私は、製品とか商品をつくることにそんなに興味がなくて。

高一のとき、映画研究部に入って、先輩に寺山修司の『田園に死す』を見せられたんですよ。白塗りも裸も満載のアングラ映画で、十五歳の少女にはかなり刺激が強い（笑）。その映像が脳裏にこびりついて、その後何度もツタヤで借りて観るほどハマってしまって、映画の衣装や美術をつくる人になりたいと思ったんで

☆**ろうけつ染め**
染色技法のひとつ。染料をはじくロウを生地に塗ることで染めのこす部分をつくる。

す。それで、京都造形芸術大学の映像舞台芸術学科に入りました。学生全員が、自分で好きに脚本書いて、スタッフも役者も自分で集めて、カメラを回して映画をつくるんです。

当時、歯科助手☆のアルバイトをしてたので、卒業後もそれを続けながら、創作活動をしていこうかな、とも考えてました。でも結局、そうはしなかった。

私の母はわりとファンキーなタイプだと思うんですが、若くして私を生んだあとすぐに父と離婚しているんです。その数年後に再婚した相手がまた最低で。いま母は独身で、すごく仲よしなのですが、当時の私はつねに母親の愛情に飢えていて、とてもさびしかった。大学の卒業制作で、そんな家族との葛藤を描いた自伝的作品をつくったんです。そこでぜんぶ吐きだして、満足しちゃったんでしょうね。創作って、自分のなかに深く潜《もぐ》っていって、自分と向きあって、それを表現する作業じゃないですか。完全にその行為に区切りがついちゃったんです。

頂上に立ちたくて、入社二年目で館長に就任

それで、このさきどうしようかな〜って思ってたら、大学の卒業式の一週間前に、昔から通ってたみなみ会館が求人を出してることを知って、軽い気持ちで面接受けたら、即採用でした。よっぽど人手が足りてなかったのかな（笑）。はじめ

☆**歯科助手**
病院の歯科や町の歯科医院で、受付や診療の手伝いをする職業。資格不要。

学生時代の吉田さんと、卒制の映画の一シーン。

はバイトっぽい感じで、三か月後に社員として正式採用されました。

入社して半年くらいは受付業務だけやってたんですけど、映写機を回したくて、教えてもらって映写もやるようになりました。まだかろうじて三十五ミリフィルム☆が上映に使われていた時期です。「いま、私の指で映画がはじまる！」っていう喜びと責任感があります。でも、手順をまちがえると、フィルムを損傷して映写事故が起きてしまう。慣れてきたころが危なくて、何度かやらかしました（笑）。

そんなある日、前館長がやめることになった。私は一月十一日生まれなので、一という数字が好きなのですが、なんだかむくむくと、この映画館のいちばん上に立ったらどんな景色が見えるんだろう、という欲がわいてきて、まだ、ここで何も実績を残せていないという思いもあったので、思いきって立候補して（笑）。二十四歳の冬に館長になったんです。

うまく引き継ぎをできずに館長になったので、何がわからないのかもわからない（笑）。神戸の元町映画館の支配人も、ちょうど同じ時期に就任した女性で、とても話しやすい方だったんです。いっしょに関西ミニシアターの先輩である他劇場の支配人の方々にいろいろ相談して、教えてもらいました。プログラムの組み方、上映間の休憩のとり方とか、ほんとに基本的なこと。おかげでいま、関西の映画館の支配人どうしは仲がいいんです。二、三年は試行錯誤の時期でした。

☆三十五ミリフィルム
幅が三十五ミリのフィルムで、かつては写真や映像の撮影に広く使われていた。映画の場合、ロール状につながったフィルムを映写機で回して静止画を動画にし、その映像をスクリーンに投影して上映する。最近の映画はデジタルで撮影され、DVDで上映されるのが主流。イタリア映画『ニュー・シネマ・パラダイス』にフィルム上映のシーンが出てくる。写真は映写機での上映中。

えっ、そんなふわっとした感じで、伝統的な映画館の館長になれるの!? みなみ会館のオーナーは巖本金属っていう金属スクラップ会社だっていうし、文化は意外なところで意外な人が継承してるんだな。

じゃあここで、映画館のお金の流れや吉田さんの収入のことも聞いてみよう。

映画館の経営、お金の流れは？

映画館のおもな収入は、そのチケット売り上げですね。あとはお菓子やドリンク、パンフレットなどの売り上げと、会員さんの年会費。貸館としてのスペースレンタル代も年に数万円入ってきますけど、これは微々たるものです。

支出としては、映画の権利をもつ配給側に支払う映画の上映料金があります。ロードショー☆なら、基本的にチケット売り上げを折半するかたちになりますし、イベント上映なら、上映一回につき三〜五万円を支払うことが多いです。また、みなみ会館は賃貸物件なので、家賃も大きいですし、あとは人件費ですね。

私ははじめは時給で働いてて、たしか当時の最低賃金ギリギリの七八〇円だったんですよ。せっかく就職したのに、歯科助手の時給より二百円低かった(笑)。社員になっても時給制で、一か月の手どりは十二万円くらいでした。数年後にやっ

京都みなみ会館の外観。

上映前後の楽しみがつまったロビー。

☆**ロードショー**
現在の日本では、映画館での新作の公開のこと。

と月給になり、大卒初任給くらいはもらえるように。いまはもう数万円だけ多くもらってます。とはいえ、私の人件費をあまりUPすると館の経営が圧迫されるので、経営者としては難しいところです（笑）。

このハードワークでそんなに薄給なのか！　これはたいへんな仕事だなあ〜！　でも関西のミニシアターでは、どこもおおむね似たりよったりだという。文化に携わる仕事の金銭的な厳しさがあらためて浮き彫りに。自分の給料より館の経営を考えるって、経営者の鑑《かがみ》だけど、正直、生活はだいじょうぶなの？

ふたりなら食べていけます

私、三年ほどまえに結婚したんです。夫はフリーのウェブデザイナーで、もともと京都造形芸術大学の教員でした。卒業制作の映画出演者を探してたら、ちょうどいい人がいるわって思って（笑）。それで距離が縮まって交際することになった。でも、彼はその翌月から教員の契約が切れて、岐阜のデザイン事務所に勤めはじめたんです。遠距離恋愛するつもりはまったくなかったんですけど（笑）。八年後に彼がフリーになって京都に来てくれて、結婚しました。

映画好きの好奇心をくすぐる映写室。

客席を歩く吉田さん。客席は鮮やかな赤。

独身時代は、実家ぐらしだからなんとか生活できてた感じです。いまは、収入は夫婦ふたりぶんの合算ですから、不自由なくやれてます。毎月、六万円ちょっとずつを出しあって、家賃と食費をやりくりしてるんです。光熱費やインターネット料金は夫の担当。彼は自宅勤務なので、経費にもできますから☆。

いまはみなみ会館の再オープンを乗りきることが最優先ですが、その後は、仕事と人生の兼ねあいを考えないといけない時期だと感じてます。館長になって七年間、がむしゃらに走ってきたけど、来年は三十二歳なので、そろそろ子どもをつくることも考えないといけない。そうなると、産休をとらないといけなくて、そのあいだ私の仕事を任せられる人材を育てないといけない。おたがいの親の面倒をどうみるかという問題もある。仕事だけやってては生きていけないんですよね。

一人口は食えないけど、二人口なら食える、ってよく言うよね。独身よりも、夫婦のほうが生活をするには経済的だってことだ。だから昔は、若者はとりあえず結婚しろっていう世間の風潮があった。

でも、好きなことをやりつづけることと、夫婦で家庭を成り立たせていくことは、かねあいが難しかったりする。好きなことって、あくまで「自分」が好きなこと。パートナーもそれを同じように好きなわけじゃないからね。しかも

☆**経費にもできます**
日本では、収入におうじて税金を納めなければならない。会社員ではなく、会社や個人事業の経営者は、仕事のために使ったお金を経費として、申告する収入から差し引くことができる。フリーとして自宅で仕事をしていれば、電気代やインターネット通信費も経費として申告でき、納める税金が少し減る、ということ。

子どもを育てるとなったら、かなりの時間を費やさないといけない。

人の記憶をつくる仕事

近ごろは新館の移転準備に追われる毎日です。建築家とのやりとり、新しいロゴやホームページの打ち合わせ、新しいチケットシステムの導入など。今年の夏、新館がオープンしたら、また持久走のスタートです（笑）。

オールナイトや特集上映も続けていくつもりです。いままでの一スクリーンから三スクリーンになるのは未知の領域だけど、もっといろんなチャレンジもできる。各スクリーンで何を流すか、最適なラインナップも考えないといけない。

閉館というひとつの区切りがあって、そこで仕事をやめるという選択肢もなくはなかったです。でも、二〇一七年十二月にSNSで「一時閉館のお知らせ」を投稿したら、すごい反響があって。五十五年の歴史のなかで、かかわりのあった監督さんや役者さん、学生時代にみなみ会館で浴びるように映画を観てたっていう方とか、全国からコメントが寄せられました。そのとき、みなみ会館って、こんなにも人の記憶が重なってる場所だって再認識したんです。みんなの記憶をつぎにもっていけるのって、私しかいない。私がちゃんと、「ここもみなみ会館だ

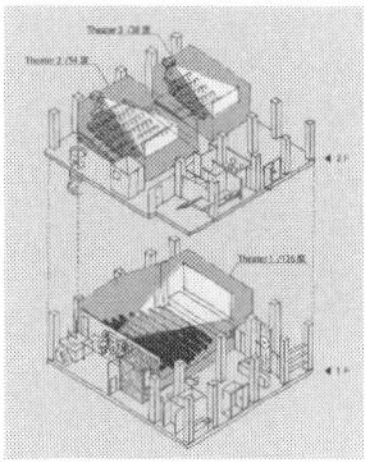

新館のイメージ図。

よ」って言える場所にしたいです。プレッシャーはめっちゃありますけどね（笑）。スマホでもパソコンでも動画がいくらでも観れて、Netflix限定作品がアカデミー賞にノミネートされるいま、このさきの映画業界はまったく予想できないです。でも、映画館って、人の記憶をつくっていく場所だと思います。あの日、あの場所で観た映画がすごくおもしろかったっていう記憶を、人のなかにどんどんつくっていく。私、劇場から出ていくときのお客さんの顔を見るのがすごく好きなんです。クリエイター（作り手）は見ることができない顔なんですよね。お客さんと接する場で働く私たちにしか感じられないんです。

「おもしろい」ことをとおして、場所も時間も超えて大勢の人とかかわることができる。すごくステキな仕事だな〜！　クリエイティブなことって、作家性や独自性は大事だけど、同時代性や社会性もないと成立しない。人が求めているものを提供するっていう意味では、ほかのすべての商売と同じなんだよね。

　では最後に、吉田さんからみんなへのメッセージをもらったよ。

いちばん好きなことを仕事にしなくてもいいんじゃないかな

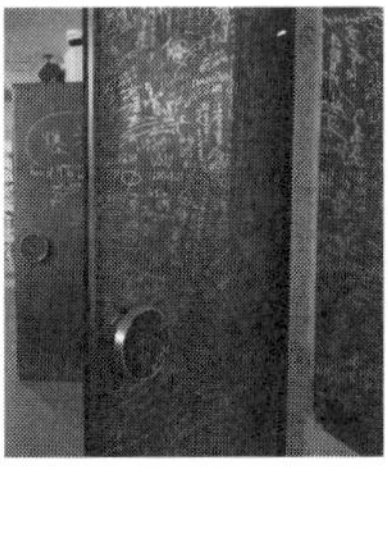

旧館の劇場の入り口。扉も壁も、映画人たちの熱いメッセージとサインで埋めつくされている。

就職活動で一回だけ企業の合同説明会に行ったことがあるんですけど、一瞬で「向いてないわ」って逃げだしました(笑)。だから、フリーターになるつもりでした。みなみ会館の面接はすごく軽い気持ちで受けたんです(笑)。拒否する理由がなかったから。イヤなことって、あきらかに心が拒否するじゃないですか。だからイヤじゃなければ、それはオッケーってことなんですよ。

いちばん好きなことを仕事にすると、私はしんどくなっちゃう気がする。私がいちばん好きなのは、じつはマンガを読むことなんですよね(笑)。小学生のときは漫画家になりたかった。でも、いちばん好きなことにかかわる仕事を選んだら、仕事がイヤになったときに、自分のいちばん好きなものも失ってしまうかもしれない。仕事って、楽しいことばかりじゃない。クリエイティブな仕事は身を削って取り組む覚悟も必要。だから、二番目に好きなものを仕事にして、疲れたときはいちばん好きなマンガを読んで癒されてます(笑)。

人生は壁ばっかりで、はじめはその壁をどう越えたらいいかわからないかもしれないけど、なんだかんだで越えられるんですよ。越えたら越えたで、もっと高い壁が待ってるけど(笑)。私もいま、映画館の移転っていう、吉田史上いちばん高い壁を登ってます。でも、越えれば越えるほど、できることが増えていく。それって、すごく楽しいですよ。

一時閉館間近に上映された作品の半券。

そのためには、自分ひとりでやろうとしないことかな。館長になったときからずっと手探りで、壁の連続だったけど、他館の先輩たちや、映画にくわしい常連のお客さんとか、まわりの人がいっぱい助けてくれた。コミュ障だったのも克服して、人前でもこんなにしゃべれるようになった（笑）。いろんな人の手を借りて、ひとつずつ壁を越えていってほしいです。

好きじゃない仕事につくのはしんどいけど、好きすぎることを仕事にするのも難しい。仕事とどういう距離感で接するのが心地よいかは、ひとりひとり違うから、自分でしっかり見極めるのが肝心だ。世の中、一〇〇%好きな仕事につける人なんてひと握り。でも、逆に言うと、ほんとにイヤなことじゃなければ、やってるうちに好きになっていくものなんだよね。好きなことがどんどん増えていく。それって、すごく幸せなことなんじゃないかな。

［先輩］No.10

和歌山市議会議員 山本忠相

［やまもと・ただすけ］

ぼくと山本忠相くんとの出会いは、中学校時代にさかのぼる。彼は当時から目立つ存在だった。独特の口調、でかい耳。たしか生徒会に入っていて、そのころすでに政治家を志していたんだった。

社会人になって、帰省したある日、彼が和歌山市議会議員に当選したと聞いた。地方紙に彼の名前が躍《おど》ってた。面影のある（というかほとんど変わらない）顔、そしてでかい耳。たしかに彼だった。あれからさらに十年以上。ぼくは和歌山城の前にそびえ立つ市庁舎を訪ねた。あの顔面で、彼はそこにいた。子どものときからの夢を実現するのってどんな感じか、そして政治の世界で食べていくってどんな感じか、この機会に聞いてやろうじゃないか。まず、どうやって政治の世界に入ったの？

KEYWORD

- 市議会議員
- 政治家
- インターンシップ
- 政治家秘書
- 選挙
- 街づくり
- 9.11

政治家をめざして東大を受験したものの……

小学校のとき、児童会役員や学級委員に選ばれたことがあって、全体の流れを決めたり、意見の調整をしたりするのが好きになって。そんな役回りが、世の中では政治家かなと思って、政治家になりたいなって思うようになったんよね。

内閣が組閣されたら、新聞に大臣の出身大学が載《の》るやんか。ほとんど東大やん。それで「政治家になるには東大や！」と思って、東大をめざしてたんよね。でも、現役で不合格、一浪してもまた不合格、やっと引っかかったのが國學院大學の法学部やった。そのとき、政治家を志してるのに国会を見にいったことないなって思って。当時ぼくの住んでた、東京の世田谷区から出馬してる国会議員に頼めばなんとかなるんちゃうかって、岩國哲人《いわくにてつんど》先生っていう議員の事務所に電話したら手続きをしてくれたので、国会見学にいったんよね。

その何か月後かに、読売新聞に、夏休みに国会議員の秘書の仕事を体験するインターンシップの記事が載ってて、第二期の募集がかかってるところやった。その受け入れ先の議員さんの一覧表をもらったら、岩國先生の名前があって、これは運命やと思って応募した（笑）。書類選考があって、最後は岩國先生との直接面談。面接はぼくをふくめて五人いて、そのうちのふたりが合格して、ぼくはダメ

中学時代の山本さん（中央）。東京で開かれた「地球環境ジュニア国際会議」での討論のようす。このころから環境問題に関心があった。

やった。

でも、なんとかそこで働きたくて、夏が終わるころに事務所に直接電話して直談判したんよね。そこまで言うならって、岩國先生が会ってくれることになった。そこで、「政治家になるために、どうしてもここで経験を積みたいです」って熱意を伝えたら、翌日から、先生の書生（インターン）として働かせてくれることになったの。忘れもしない、一九九九年九月二十九日のことやった。

見習い政治家秘書生活スタート！

最初は、なんとか授業と仕事を両立させてたけど、何か月後かに総選挙がはじまって、何か月も学校に行けない日が続いちゃった。岩國先生から、学業を優先するか、秘書に専念するか決めなさいって言われたの。これはチャンスやと思って、即決で「やります！」って返事して、大学はやめることにした。

でも、かってに退学届けを出して、親には事後報告やったから、怒って仕送りも止められちゃって……。給料もらってたとはいえ、月に十二〜十三万円程度やったから、生活は苦しかったな〜。友だちに居候《いそうろう》させてもらって、なんとかしのいでた。最終的には二十数万円はもらってたけど、拘束時間を考えるとまったく割にあわない。でも、そこで学べることのほうが大事やったからね。

秘書時代。仕事のイロハから政策立案まで、ありとあらゆることを学んだ。

最初は雑用ばかりで、いちばん多かったのは調べもの。国会中継を見てたら、議員が日本の現状をデータとかグラフで事例を出して、政府を追及してるでしょ。そのデータを調べる仕事。あのころはいまほどインターネットが発達してないから、国会図書館に行って、膨大な資料のなかから、目当ての情報や統計の数字を人力で見つけないといけない。この作業がめちゃくちゃ地道でたいへんやった。

あとは、岩國先生に届いた手紙の返事の代筆。まずは手紙の内容を理解するところから。それには知識が必要だから、ぜんぶ自力で調べる。先生にチェックしてもらい、ＯＫが出るまで手直しして、完成したらやっと送ることができる。

武者修行で選挙運動

そういうのを五年半やったあと、政治家秘書の仕事から離れて、武者修行に出ることになった。はじめは福岡で、障害のある候補者が立候補する補欠選挙を手伝った。そのあいだは現地でウィークリーマンション生活。事前の運動、選挙本番の運動、後始末までぜんぶやった。街頭演説の日なら、駅前にミカン箱を積んでステージをつくって、のぼりも立てて……とか。

福岡が終わったら、別の地域の市長選を何か月か手伝って、つぎは埼玉で参議院選挙……って感じで、各地の選挙を転々としてた。知事選・市長選・衆議院選・

参議院選・県会議員選・補欠選挙……あらゆる選挙にかかわらせてもらったな。

選挙の規模は大小あるけど、国会議員選挙なら、最低でも百名は人が動く。期間は、短いと一か月半くらい、ゼロから準備するときは三、四か月かかる場合もある。最初は下っぱやったけど、場数を踏んでからはチーフとして入ったり。事務局長と選挙対策本部長とぼくの三人だけ、っていう状況もあった。

全体の戦略を相談しながら、写真のチョイスやビラのイメージ、スローガンなど、候補者の打ち出し方を考えたりもする。広告代理店みたいよね(笑)。でも、きゃしゃでかわいらしい女の子が、力で押しきりますって言っても説得力ないよね(笑)。エコについてなんの知識もないのにエコをがんばりますっていうのも無理がある。完璧じゃなくても、四年間はやりきれる素養がないと厳しいね。

その期間を終えて、岩國先生の事務所に三か月もどったあと、和歌山に帰ってきた。そして、いよいよ自分自身が選挙に出て、市議会議員に当選したってわけ。

だから、ほんとに大学は行かなかったんよね(笑)。國學院は中退やし、秘書になってから、やっぱり知識が足りないと思って、慶應大学の通信課程に入学したけど、結局そこも続かなくて……。実質、大学はふたつ中退してしまった(笑)。大学で習う知識がなくても仕事はできてるけど、難しい経済用語の知識なんかは圧倒的に少ないから、話の理解が人より一歩も二歩も遅れるよね。

二〇〇七年の和歌山市議会議員選挙当選後、市役所に初登庁する山本さん。出席簿である議員登庁表示板の名前のボタンを押して灯りをつける。

十代から政治の世界に入ってたとは知らなかった！　じゃあ、念願の議員になれたいまは、いったいどういう仕事を？

市議会議員の仕事って？

ぼくたちのメインの仕事は、予算案のチェックと施策提案やね。

市長が、税金をこう使いたいという予算案をつくる。ぼくら市議会は、それに対していいか悪いかの意見を出して、問題がなければ承認をする。それをもとに市長が実行をする。こういう役割分担で市政がなされてるってわけ。

施策提案っていうのは、和歌山市にどういう課題があるのかを調べて、それを解決するための提案をすること。市民の声をもとに、市全体で取り組むべき課題を洗いだし、他地域での事例も参考にしながら、市にとって有効な解決策を考える。そうして、徹底的に設計図を煮つめたうえで、議会で提案するの。

市民から相談があったときは、それにかかわりのある担当部署を教えてあげる。でも、ひとつの案件が三つくらいの部署にかかわりがあって、その調整がうまくいかないときは、あいだに入って調整しないといけない。

二年くらいまえは生活保護の案件が多かったな。ほんとうに困ってる人ほど、ま

市議会で、資料を見せながら発言する。秘書時代はこうした資料のデータを調べるのが仕事だった。

わりに言わないんよね。お金が底をついてやっと相談にくるから、ケースワーカー☆のところにいっしょに付き添って、生活状況をぜんぶ話してもらう。通帳の残高が百円もなかったり、家賃も滞納してたり。申請後に調査と審査があって、給付が決定するまで早くても一か月近くかかる。戸籍を調べて、疎遠になってる家族に連絡しても、ほとんどは援助できないっていう答えで……。

一人ひとりの生活保護申請にまで付き添ってるってのは意外だね！　選挙運動の話のときも思ったけど、地道な行動のつみ重ねなんだな〜。では、その仕事でいったいどのくらいの給料がもらえるのか、教えてもらおう。

そもそも給料は公表されてるから（笑）

ぼくらは毎年六月に、市報に給料が公表されるんよね。和歌山市では、月々六十六万円と、ボーナスが年間で四・四か月分くらい。一期目の新人でも二十年やってるベテランでも、みんな同じ金額。二十八歳ではじめて給料をもらったときは「こんなにもらえるの？」って驚いたよ（笑）。そのかわり、ぼくは十二年やってるけど、ずっと金額はいっしょ。議長とか副議長とかの役職につかないかぎり

☆**ケースワーカー**　都道府県や市区町村の福祉事務所などの公的機関に勤め、病気や障害をかかえる人、ひとりぐらしの高齢者、ひとり親家庭といった生活が苦しい人たちの相談に乗り、必要な支援を受けられるよう手続きをする地方公務員。大学や専門学校で社会福祉主事の任用資格をとり、地方公務員試験に合格するとなれる。

上がることはない。まあ、悪いことすりゃもっともうかるんやろうけど（笑）。

たとえば岩國先生は、出雲市長になるまえはメリルリンチ日本証券の社長で、政治家になって給料は何十分の一になったみたい。メリルリンチの社長室で三分間で動いた金と、出雲市の一年間の予算が同じやったっていうからね（笑）。

ちょっと桁《けた》が違いすぎて、ぼくみたいな庶民にはついていけんわ！　でも、政治家って、志がないと務まらない仕事ってのがよくわかったよ。

学校をつくって街を活性化

和歌山市議会議員はぜんぶで三十八人。全員が同じ仕事をすると収拾がつかないので、議員はまず、総務委員会（議会運営のための事務）、厚生委員会（福祉・健康増進）、経済文教委員会（経済振興・観光・教育）、建設企業委員会（道路・上下水道・消防局）のどれかに所属して、それぞれの仕事に取り組むことになってる。ぼくは経済文教委員会で、学校にかかわる仕事に長く携わってた。

以前、伏虎《ふっこ》中学校という中学校があって、本町・城北・雄湊《おのみなと》という三つの小学校がその校区やった。でも、どれも一学年一クラスしか人数がいなくて、クラス

『市報わかやま』に掲載されている議員報酬（いちばん下）。市長・副市長の報酬も公表。

●特別職の報酬（平成30年4月1日現在）

区分	給料月額	期末手当（平成29年度）
市長	103万円	3.30月分
副市長	82万円	
議長	79万円	4.40月分
副議長	72万円	
議員	66万円	

※市長・副市長は、平成30年4月から平成31年3月の間で上記給料月額から5.0%減額しています。

がえもない。そこで、三つの小学校を統合してはどうかと提案したんよね。結果、三つの小学校とひとつの中学校を統合して、別の場所に、和歌山市立伏虎義務教育学校という九年制の学校を建てることになったの。

そこで市長が、使わなくなった校舎を利用して大学をつくることを考えた。東京医療保健大学の誘致、信愛大学の新設、和歌山県立医大薬学部校舎の設置。大学側は校舎を建てる費用の大幅な節約になるし、和歌山市は若者が集まることで町の経済が活性化する。順調にいけば、数年後にはかなりの数の大学生が和歌山に入ってくることになる。それを見越して、若者向けの新しいお店を計画したり、単身者用のマンションをつくろうかという動きもすでにある。

経済文教委員会の仕事は多岐にわたってるけど、学校づくりを柱にして、そのどれにも取り組むことができる。学校づくり、街づくり、経済振興って、意外とぜんぶつながってるんよね。

でも、学校ひとつつくるにも、義務教育学校がいいという人も、うるさくて困るから学校なんかいらないという人もいた。全員が一〇〇%満足はできないから、おたがいに少しずつ譲歩してもらって、バランスをとるのがぼくらの仕事やね。

ただ学校をつくりました、で満足したら、公共施設を建てるだけのハコモノ行政で終わっちゃう。そこを利用するであろう人に寄り添って、必要な場所を提供する、っていうのは難しいよね。

ぼくのやってる演劇も似ている。劇場がいくら立派でもダメで、そこで魅力的な公演をして、集まってくれたお客さんに心を動かしてもらわないと意味がない。大事なのは、そこにかかわり、場を共有する「人」なんだよね。

子どもを育てやすい街にしたい

和歌山市の人口は三十五万八千人とまだ多いけど、ほかの地方都市と同じくどんどん減りつつあって、もっと大幅に減ってきたら、市内の中心部を維持するのに手いっぱいで、周辺部を切りすてざるをえないかもしれない。道路とかインフラの整備も手が回らないし、ゴミ収集の数を減らすとか。それで不便を感じるなら中心部に集まって住んでもらうしかない。本気で対策を考えないと、県南部の小さい町や村は、ホンマにつぶれてしまうんじゃないかな。

ぼく、子どもがこないだ一歳になったんよね。いまはなにより、子どもを育てやすい街づくりをしたい。「おまえ、わかりやすいな〜」って言われてるよ（笑）。

わが子にメロメロの山本さん。たしかに、わかりやすい。

具体的な市民の声は、うちの奥さんのママ友とかにリサーチしつつ、施策提案していくけど、根底にあるのは、借金をつくらないことやと思う。施策を失敗すると和歌山市に借金が残って、子どもたちの世代に背負わせてしまうからね。

カッコいいこと言うなあ！　くそ〜、地位や立場がないと実現できないことって世の中にあるよな。ぼくのぶんまで和歌山を盛りたてていってくれよ！　正直、小学校から首尾一貫してその場所に向かってこられた人生は、ほんとうにうらやましい。どうやってその道を歩んでこられたのか、ちょっと教えてもらえるかな？　ドラクエばっかりやってたあのころのぼくに教えてやるから。

どのルートで登ってもゴールは同じ

結局、目標が何かっていうのでぜんぜん違うんよね。もし東大に入ることがぼくの目標やったら、きっとそこで人生挫折して廃人になってた（笑）。でも、ぼくの小学校からの最終目標は、政治の世界に入って仕事をすることやった。東大からのルートで行って、たどり着けなかったら、違う道で行こうっていう切りかえができてた。だから少しでも政治の世界に近づける方法を探して、議員秘書のインターンシップに飛びついたし、ダメでも無理やり電話してみた。

富士山って、登山口が四つあるんよね。吉田・富士宮・須走《すばしり》・御殿場《ごてんば》。初心者でも登れるルートから、上級者向けまで。最終目標が定まってるなら、どれかひとつで失敗しても、違うルートでめざせばいいだけやから、絶望する必要はないよね。逆に言うと、最終的に自分がどんなふうになりたいのかちゃんとつきつめて歩かないと、人生、途中で遭難すると思う。最終目標さえちゃんとしてれば、ぼくの経験からいっても、どのルートでも到達できるんじゃないかな。

自分の目で見たいという衝動

最終地点が見つかってないなら、いろんなことをやって、探してみればいいと思うな。自分で体験してみること。ネットの情報は、しょせん文字と画像やから。

二〇〇一年九月十一日、ニューヨークの高層ビルに飛行機が突っこんだっていうニュースがテレビで流れた。中継に釘づけになるぼくの目の前で、二機目の飛行機が突っこんだ。それはあまりにショッキングな映像やった。

それで、四か月後に、十日間ほど冬休みをもらって、ニューヨークのグラウンド・ゼロ（旧ワールド・トレードセンター跡地）へ行ったんよね。切りっぱなしの木材を組んで展望台みたいにしてたり、近くの教会に花がいっぱいたむけられてたり、行

二〇〇二年一月、ニューヨークのグラウンド・ゼロの前で。

方不明者を探して「MISSING」って書いた写真が町中に貼られたりしてた。四か月もたってるのに町全体が焦げくさくて、ユースホステルを出て、現場に近づくにつれてにおいが強くなる。魚が焦げたにおいなんかとはぜんぜん違う。あれから十六年たつけど、いまだに同じにおいをかいだことはない。

人の動き。風の流れ。ニュースで見るのとはまったく違う風景やった。それは二〇一八年のいま行ってもわからないし、YouTubeで当時の映像を見てもわからない。あのとき、あそこに行ったから感じることのできた風景やった。

こうなると、九・一一後の「対テロ戦争」でアメリカから空爆を受けたアフガニスタンも見たくなって、二〇〇二年九月に首都カーブルに行ったの。そこでは、昨日自爆テロがあったというバザールで、今日は生活用品を売っていたり、救援物資が横流しされて町で売られていたり、ビルの壁が銃撃で穴だらけになっていたり。赤と白に塗られた石が、大きな道にずらっと並んでる。白は地雷がないのが確認できたところ、赤は確認できてないところの目印らしい。遠くに地雷を探してる作業員が見える。世界一きれいだったっていう渓谷が爆撃ではげ山になってる。たくさんの市民が巻き添えで殺された話も聞いた。

日本人がやっている病院で数日、宿とごはんをお世話になって、かわりに子どもの身長や体重を測ったり、できることを手伝わせてもらった。薬に限りがある

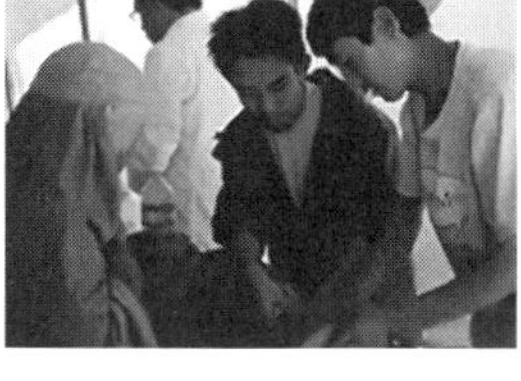

アフガニスタンの医療施設で、子どもたちの診療の手伝いをする山本さん。

から、ほんとうに必要な子にしかあげられなかった。爆音で気がふれてしまった子もいた。子どもは自分では何もできない、まわりの状況を受け入れつづけるしかないことを実感して、ぜったいに戦争はしてはならないと思った。

そのときは、たとえ命の危険があっても、自分の目で見たいという衝動が抑えられんかった。ぼくは政治の世界で生きていくと決めてた時期やったし、それだけ目の前で飛行機が突っこんだ映像はショッキングやったんよね。若い人にはどんどん体験してほしい。自分の目で見ないとわからないことが、きっとあるから。

この人、いまは次世代のことも考えて市政を担うデキた大人ふうだけど、昔から思いたったら即行動の、クレイジーな人間だったんだよね～と再確認。

ぼくたちはあのころ、同じ町で少年時代を過ごした。なのに、こんなにも違う人生を歩んでる。二〇〇一年九月十一日、ぼくは治験のバイト☆で病院に缶詰めで、退院してからやっとあの事件を知った。あのとき、あのバイトをしてなかったら？　リアルタイムで自爆テロの瞬間を目の当たりにしてたら？　ぼくも衝動的にニューヨーク行きの飛行機に飛びのってたかもしれない。

人生は選択の連続で、ほんの少しの選択の違いが、まったく思いもよらないところへぼくたちを運んでいく。人生はおもしろいぜ！

☆治験のバイト
治験とは「治療の試験」の略。開発中の新しい薬を人体で試し、その効果や安全性を調べること。製薬会社が募集し、病院で実施される。副作用が出る恐れがあり、モニターの参加はボランティアとされるが、高額な謝礼が出るものもあるためバイトと呼ばれる。有北が参加したのは風邪薬とか胃腸薬の治験で、二泊三日の入院で四万円くらいを受けとった（はず）。

［先輩］No.11

フリー旅役者

青山郁彦

［あおやま・いくひこ］

ぼくが青山さんと出会ったのは大阪の小劇場。大きくかかわるきっかけは、長崎の演劇人・白濱《しらはま》隆《りゅう》次《じ》さんの「長崎で演劇イベントをしたい」というツイートだった。これに即座にリプライを飛ばしたのがぼく、そして青山さんだった。企画は実現し、ぼくたちは大阪から長崎まで軽トラで乗りつけてイベントを決行、成功をおさめた。

　このように、青山さんはめちゃくちゃフットワークが軽い。しかも大衆演劇の役者さんだから、全国各地の劇場をしょっちゅう巡業してる。今日は金沢、明日は伊勢と、神出鬼没！　公演のあいまを縫って、なんとか身柄確保に成功した。お芝居で食べていくのはじつに難しい。そんなミッション・インポッシブルを実現させてる青山さんに直撃取材！　まずは大衆演劇の仕事について聞いてみたよ。

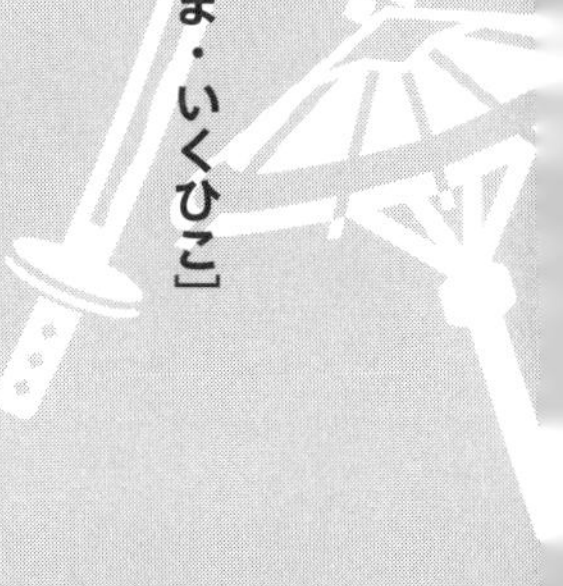

KEYWORD

- 俳優
- 殺陣師
- 舞踊
- 大衆演劇
- 大道芸
- 忍者
- 旅

早く寝たければ覚えるしかない

まず、ぼくがやってる大衆演劇とは、長期にわたって各地を旅しながら公演をする、日本の伝統芸能のひとつです。ぼくは基本的にはどこの劇団にも所属していないフリーの役者なんですが、昔からつきあいのある大衆演劇の大御所・沢竜二さんの劇団「竜劇隊」の公演に参加するときは、メンバー（副座長）としてかかわっています。

大衆演劇は、第一部が一時間くらいの時代劇、休憩をはさんで、第二部が一時間ちょっとの舞踊ショー、という構成が一般的です。吉本新喜劇は、さきにマジックや演芸があって、あとで新喜劇でしょう。お芝居の順番が逆ですね。大衆演劇専門の劇場での公演だと頭にミニショーがつくので、トータルで三時間くらい。芝居もショーも演目は日がわりだから、しんどいですよ（笑）。客演☆ではじめてかかわる劇団だとたいへんです。昼・夜公演があるところだと、お昼の本番が終わると十五時半くらいで、衣装を脱いで、十六時くらいからごはん食べて、十七時に座長☆の前に集まって、翌日の演目の稽古をするんです。だれがなんの役で、どういう段どりで、っていうのをぜんぶ座長が口で説明する。だからICレコーダーが必需品です。十八時から夜の部の本番をやって、終演後に舞台をかたづけた

大衆演劇の舞台での青山さん（右）。

☆**客演**
俳優が、自分が所属する劇団以外の舞台に出演すること。

☆**座長**
歌舞伎座、文楽座、俳優座のように、芸能を上演する集団や劇場を「〜座」と呼び、その集団のリーダーを座長と呼ぶ。

りごはん食べたりして二十三時くらい。そこからさっき録音したのをノートに書きおこす。大きい役だと八ページくらいになって、書くだけで三時くらいになっちゃう。なんとか八割くらい覚えたら寝て、朝に立ち稽古をやって、そのまま本番っていう毎日のくりかえしです。月に一日、休演日があります。

　最初の一か月はたいへんだけど、翌月に違う劇場でやるときは、半分くらいは先月と同じ演目なので、負担は減ります。三か月くらい回ると、ゼロからつくる芝居はほとんどなくなる。レパートリーが五十本頭に入れば、そのローテーションでほとんどこなせるのでだいぶラクです。もちろんぜんぶを覚えてはいられないけど、明日の演目はこれだって言われたら、ノートを出して軽く確認したらだいじょうぶです。早く寝たければ、早く覚えるしかない。記憶力が鍛えられます。

　日本舞踊とか、バク転などアクロバットを交えた踊りとか、舞踊のレパートリーも何十曲かはもってます。女形《おんながた》☆もここ八年くらいやってますね。

　客層は、一般的には五、六十代くらいのマダムが中心。うちの劇団の竜劇隊は、座長の沢竜二先生が八十四歳なので、わりと年齢層が高くて、五十〜八十代くらい。しっかりした内容のお芝居と、舞踊の曲も「津軽海峡冬景色」とか「川の流れのように」とか、鉄板曲が好まれます。大衆演劇のなかでも流行があって、いま人気の劇団は、EXILEで踊ったり、着物も現代風にアレンジしたり、お客さん

☆女形
「おやま」とも読む。歌舞伎や芝居で女の役をする男の役者。また、女役のこと。写真は女の顔の青山さん。

舞踊中。

が喜べばなんでもありです。こないだゲストで来たほかの劇団の若い男の子は、長渕剛の曲ばっかり踊ってましたね（笑）。

なるほど〜、大衆演劇って、時代劇とダンスパフォーマンスがいっぺんに楽しめる娯楽作品なんだね。韓流アイドルのコンサートにマダムが通うみたいに、大衆演劇のファンで劇場に通うマダムがたくさんいるって感じかな。

人気が出ると、ご祝儀がもらえます

大衆演劇の入場料って、二千円前後ぐらいなんです。集客力があればチケット収入でやっていけるけど、一年中回っていないと、なかなか固定客がつかないんです。ホテルとかでの買い取り公演☆もあるけど、大衆演劇の相場ってめちゃくちゃ安くて、ギャラも低いんですよ。まちがいなく最低賃金を下回る（笑）。

ただ、ショーで人気が出ると、ご祝儀《しゅうぎ》がつきます。踊ってるときにお客さんが着物のえりもとに、お金を紙で包んだ「おひねり」を入れてくれるんですよ。千円札から数万円までピンキリ。男が飲み屋のねえちゃんに貢ぐとか、マダムがひきのホストをナンバーワンにしてあげたいとかいう感覚に近い。ぼくも「今月、ト

☆**買い取り公演**
ホテルや劇場が主催する公演のひとつで、劇団はお客さんからの入場料を納めるかわりに、定額のギャラをもらう。

舞台裏の棚につみ重ねられた衣装。

ータルで十万円つけようと思うんだけど、景気よく一日に十万円がいい？ 何回かに分ける？」と聞かれたことがあります。推しの役者にもっといい衣装で踊ってほしいと思ったら、着物を買ってあげたり。入場料が安いので、役者に入るお金は少ないってお客さんもわかってくれてるんです。衣装もカツラも自前ですからね。そっちのほうを重視する人もいますけど、基本は芝居だと、沢先生は言っています。

なるほど、演劇や芸能には水商売という側面もあるからね。客の人気に大きく左右される収入のしくみもふくめて、ちょっと夜の世界のにおいもするな〜。

いろいろやりすぎですよ

大道芸☆もします。明日も地域のお祭りで、パフォーマンスをするんです。明日は、音楽かけながら松明《たいまつ》に火をつけて、火を吹いて☆、刀を手に踊って、お客さんを連れてきて、頭の上に大根を持たせて、ズバッと大根切り。そのあとはバク転とかいろんなアクロバットをして、最後にもう一回、火を吹いて終了です。それで今回は二十分くらいですね。だいたい一日五万円で、三十分ほどのステージを

☆**大道芸** 路上や寺・神社の境内などで披露される芸のこと。

☆**火を吹いて** 大道芸のひとつで、火吹きのこと。口にふくんだ灯油やアルコール度数が一〇〇%に近い酒を松明の火に吹きかけ、大きな炎を上げる。

一回でも二回でもやる感じです。基本的にお金はお祭りの主催者からいただきますが、お客さんから投げ銭で、というときもあるし、値段は応相談ですね。

幼稚園や老人ホームに行ったりもします。老人ホームでは二部構成で、大道芸のあと、女形の舞踊ショー。全体で一時間〜一時間半になります。

刀で切りあったり乱闘したりする演技「殺陣《たて》」を教えるワークショップも定期的にやってます。立ち回り（＝殺陣。もとは歌舞伎用語）の振り付けも、舞台や映像作品への出演もします。今年の冬は、劇団☆新感線の『髑髏城《どくろじょう》の七人 Season《月の下弦》』にアクション班として出演させてもらいました。エアリアル（天井から布で宙づりになるパフォーマンス）もできますよ。伸縮性のある布なんで、伸びるぶんも計算しないと床にたたきつけられます（笑）。

なんで、そんなになんでもできるんだよ！　大衆演劇で女形もやってるくらいは知ってたけど、火を吹いたりエアリアルできたり……、超人、あるいはほんらいの意味での「芸」人さんだよなあ。いつからそんなに超人なの？

忍者出身でこの世界に

バク宙もやります。

二刀流もなんのその。

東京に生まれて、三歳からは兵庫県で育ちました。中学で尾崎豊にはまって、「自分らしく生きる」ってどういうことなんだろうって考えるようになって。中二のとき、宝塚北高校の演劇科に学校見学にいったんです。そのとき見た先輩たちの姿に感動して進学を決め、演劇を学ぶなかで、ここなら「これが自分だ！」と胸を張って生きられると思った。高二のとき、父親に役者になりたいという決意を話したんです。ぜったいに反対されると思ったら、「自分が進みたい世界をちゃんと知り、自分に足りないものを知れ」と一生懸命助言してくれて……。情熱だけで何も行動してなかった自分を猛烈に恥じました。唐十郎や寺山修司の戯曲は読みあさっていたけど、生の小劇場演劇も観るようになり、劇団「銀幕遊学◎レプリカント」の舞台を観たときに魂を撃ちぬかれて。もっと演劇に打ちこもうと、東京の桐朋学園大学短期大学部の演劇専攻に進んだんです。

大学を卒業して、日光江戸村というテーマパークのアクション部に就職しました。江戸村は全国展開してて、全国に四つあったんです。最初は栃木県日光市の江戸村にしばらく勤めたあと、北海道で四年と伊勢で二年、合計で七年間、忍者ショーに出演してました。

そこで基本的なことを習いました。二年くらい江戸村で修行したら、東京にもどって役者をしようと思ってたけど、二年どころじゃ何も身につかなくて。江戸

高校一年生の体育祭で。

村の演出家・山田桂司先生の芝居に心酔したのもあって、修行を続けたんです。
山田先生の稽古は閉館後にはじまって、何ごともないと二十三時には終わるんですけど、ぼくみたいなやつが逆鱗に触れるでしょ(笑)。そしたらセリフひと言に三時間くらいダメ出しが続く。終わったら夜中の二時。そのあと、先生を囲んで飲み食いして、へたすると、寮にもどるのが朝の五時。二、三時間寝て、十時からまた忍者ショーをこなすっていう毎日が続く。

演劇だけで食べていけるようになったけど……

ほんとうにきつかったけど、二十五、六歳でやっと主役をやれるポジションになったんですよ。三十歳までには独立して、芝居で食べていきたかった。そこで、同じ考えの仲間ふたりと、三年以内に目標を実現しようと、二十七歳で江戸村をやめて、大阪を拠点にパフォーマンスチームを立ち上げたんです。ぼくは立ち回りの振り付け、あとのふたりは演出と作家担当で、出演は三人全員です。
一般的な演劇公演をするとなると、自腹で劇場を借りて、稽古場代も払って、衣装も小道具もそろえてと、支出が多くて、チケット収入だけじゃ生活は難しいです。そこで、ショッピングモールとかでよく週末に上演してるようなショーをつくって売ろうと考えて、三十分の時代劇をつくって、イベント会社に資料を送り

眼光鋭い忍者時代。

パフォーマンスチーム時代、大先輩の大道芸人・おいかどいちろうさんと。

まくった。「迫力ある立ち回りも笑いもあって、仮面ライダーショーより相当安いですよ」って。それで、二年後にはバイトせずに食えるようになったんです。

そういうのを五年やって、もっと大規模にやっていこうと、メンバーを増やすことになった。そのあたりでぼくは限界を感じて……。毎日二十時間くらいいっしょに活動してて、方向性の違いや人間関係の息苦しさも出てきたし、いつも三、四時間しか寝てなくて体力的にも限界だった。それで「おれは芝居をやめる！」って宣言して、チームをやめたんです。二〇〇八年、三十三歳でした。

え！ まさか、こんなにいつも情熱的に演劇に取り組んでる青山さんが、芝居をやめてたとは！ それで、どうしたの？

気がついたら独り立ち

就職活動をして、水の配送ドライバーの面接に合格したんですが、会社の都合で、入社日が二か月くらいあとになった。そのかん、バイト生活をしてたら、関テレの深夜番組『ソードブル 風を斬る！』の撮影チームから、アクションシーンの振り付けをする殺陣師をやってくれないかと電話がきました。それで引き受

『ソードブル』の殺陣師をしていたころ。

けちゃって、就職の話もなしに。

そのロケ中に、以前お世話になったことのある竜劇隊の座長・沢竜二さんから、近々開校する大衆演劇学校で殺陣の講師をやってくれと頼まれて、引き受けちゃった(笑)。おまけに竜劇隊の旅公演にも参加することになり、定期的に大阪で講師をやりながら、それいらい大衆演劇の旅を回ることになったんです。

そしたらこんどは、つきあいのあった石川県のお祭りの主催者から大道芸のオファーがあった。ソロの演目なんて持ってなかったのに、これも受けちゃったから、必死で初の一人芝居『大道講談桃太郎』をつくって上演しました。

殺陣と大衆演劇と大道芸と、これだけできるなら、ひとりでも芝居で食っていけるかもしれない。でも、いままでみたいに「ぜったいに食っていくぞ！」ってスタンスだとしんどくなるから、別の仕事をしながらでもよしとして、芝居は続けようと決めたんです。それが二〇〇八年の秋。

そのころ、大阪の寝屋川のアパートに彼女と同棲してたんですけど、芝居やめるとか散々ひっかきまわして、へんな就職先見つけてきたと思ったら、生き生きした顔でやっぱり芝居するわーとか言うぼくにほとほとつかれたらしく、大衆演劇の旅公演中に電話で別れを告げられました……。よかったのは、それで一回実家にもどることになったので、家賃がかからなくなったことですね(笑)。

『大道講談桃太郎』を演じる青山さん。

まあ、ぼくが彼女の父親なら、ぜったいにそんな男とは別れろって言うかな！

それはともかく、青山さんって、なんでもできる超人だよな〜って思ってたけど、それって、だれかに求められたら応えざるをえない、青山さんのサービス精神のなせるわざだったんだな。青山郁彦は一日にして成らず、だ。

さて、幸か不幸かふたたび芝居の道にもどった青山さん、その心を決める出来事が起こる。

食客として生きていくこと

二〇一一年三月十一日に東日本大震災があったでしょう。ぼくはそのとき、東北でお芝居をしてました。その後、四月半ばに仲間と、五月の連休明けにこんどはひとりで、車で被災地にボランティアにいったんです。

はじめは炊き出しを各拠点に運搬したり、泥かきをしたり、病院に人を搬送する車に乗って、昇り降りの補助をしたりしてました。そのうち、炊き出しの列にならんでる人たちのひまつぶしに、世間話をしながら自然な流れで踊りだしたり、ひょっとこの面をかぶったり、とかやってたら、みんな楽しみにしてくれるようになって。「紙切り☆」をやって避難所の窓に貼ったり、お花見の会で「南京玉すだ

被災地でのボランティア活動中。

☆**紙切り**
紙をハサミで切って、さまざまなかたちをつくる芸。これで似顔絵をつくっているのが、このあと登場する先輩のチャンキー松本さん。

れ☆」をやったり、停電で真っ暗ななか、瓦礫《がれき》の真ん中で火を吹いたり――。

そのときに確信したんです。人を元気づけたり喜ばせたりすることは、命にかかわるほど不可欠なことではないかもしれないけど、必要なものにすることができるって。芸事や演劇にはそれなりの意味と価値があって、「アリとキリギリス」の世界では、キリギリスは死んじゃうけど、ぼくらの生きてるこの世界では、キリギリスにも役目がある。芸能界でメジャーになってお金持ちになる道もあるけど、一生、芸をすることで食べさせてもらう食客《しょっかく》として生きる道もあるんだって。演劇がぼくのなかで、存在していていいものになったんです。

かつて王侯貴族や富裕層がパトロンとなって芸術家を支援したように、いつの時代、どんな場所にも、芸術や娯楽に興味をもって後押ししてくれる存在はいる。「芸能界で成功する」っていう単視眼的な考えからじゃなくて、必要な人に必要なものを提供するのは商売の基本だよね。

さて、大衆演劇の道に入ってから、全国神出鬼没の青山さんだったけど、あくまで拠点は関西だった。でも、いまは東京が拠点だ。いったい、なぜ？

☆南京玉すだれ
「アさて、アさて、アさてさてさてさて、さては南京王すだれ……」と節をつけてしゃべりながら、竹製のすだれを釣り竿《ざお》や橋などに見立てて動かす大道芸。

不純な動機で東京へ

当時の彼女が東京に住んでて、東京に出てきてほしいって言われてたんだけど、そのころのぼくには、芝居でぜったい食べていく覚悟とか競争心とかが薄くて、ずっと言い訳して拒否してたんです。でもある日、電話で、遠距離恋愛がつらくなってきた、と別れを切りだされた。それであわてて「じゃあ、おれ、東京行くわ！」って言って(笑)。最初はほんと、そんな勢いで東京に出てきたんです(笑)。二〇一五年の年末でした。

どんな理由や！

まあ、その彼女には上京直前にフラレたんだけどね。

意味ねー!!

だが、そこはさすがの青山さん、その不運を持ち前のフットワークの軽さで乗りきることに成功する。神社の境内での野外パフォーマンスにはじまり、紀伊国屋ホールへの出演、ＮＨＫホールでの演歌歌手・三山ひろしコンサートの

舞台でのキメキメの表情。

劇中劇の仕切りと出演まで果たしたという。そのあいまに大衆演劇の地方回りなども続けつつだから、文字どおり休むまもなく飛びまわってる。失恋をバネにして……かはわからないけど、すごいバイタリティーだ！

そんなこんなで、ほぼ一年でバイトもせずにやっていけるようになったらしいけど、休みはほとんどなかったとか。ちょ、ちょっとハードすぎない？

ふだん着の青山さん。三度笠を手にポーズ！

大事なのは楽しく生きること

でも、そこまで働きづめだなという感覚はないんですよ。むしろ、フリーになった二〇〇八年からずっと休日で、お金をもらって好きなことをやらせてもらってる感覚です。いつも、「ぼく、働いてないなあ～」って思ってます（笑）。

それは、ぼくの生きてるフィールドが演劇であることも大きいのかもしれない。演劇って総合芸術なんです。ふだんの生活すべてが演劇につながってる。だれかとのたわいない会話が役づくりの参考になってるときもあるし、何げない日常の動きが演技に活かせることもある。いつだったか、舞踏家の麿赤兒《まろあかじ》さんがインタビューで、「いつか、ただ歩いてるだけで、踊ってるって思われるようになりたいんだ」って言ってたんです。意識しなくてもつねに踊り手である——宮本武蔵みたいですよね。水墨画描いてるのも、呼吸してるのも、ぜんぶが剣につながってる。そんな感じで生きたいんです。

大事なのは楽しく生きること。演劇は目的じゃなく、人生を楽しくするために演劇という手段を選んでる。おまけにお金ももらえてラッキーだなって（笑）。

いざとなったら大根を切ればいい

ひとりで大道芸をやるようになったとき、知らない土地でも居場所をつくって生きていける感覚があって、そのスタンスは生涯維持したいと思ったんです。

ある組織のなかで地位を築いて、チームでやっていくという仕事のやり方はあるけど、そこにいつづけるために依存せざるをえない。昔はお芝居について熱く語ってたのに、いまは権力のあるプロデューサーや女優さんのごきげんばかりとってる役者さんもいる。安定するのはそっちかもしれないけど、いざ路頭に迷ったら、駅前で大根を切ればいいじゃんって思うんです（笑）。そうすれば、だれかが気に入って泊めてくれるかもしれない。大きい仕事をするときは、自分を見失わないように、ブレーキみたいにそう思うようにしてる。メジャーな世界でも通用する自分でいたいけど、そこでしか生きられない自分にはなりたくない。

子どものころ見てた刑事ドラマの登場人物みたいに、「一生現場でいい」って思

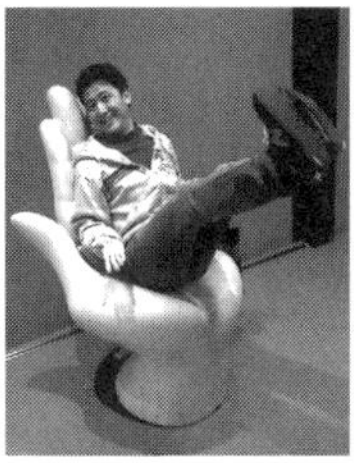

どんな場所でも、楽しく生きていけます。

います。そうすれば、何があっても働き先を見つけられるんじゃないかな。

二十代のころは真田広之路線をめざしてたんです（笑）。二十代のうちに立ち回りとバク転をやって、十年かけて演技力を身につけて、三十代後半には演技派俳優になって、「青山さん、昔バク転してたんですか？　ウソでしょ！」って言われるのを夢見てたんですけど、この年でまだバク転してるとは（笑）。六十歳でも七十歳でもやれればいいなあ。そのためにはやっぱり健康でないとダメだよね。


めちゃくちゃバイタリティーがある一方で、女の人に流されたり、頼まれたら断れなかったりと人間くさい青山さんは、「気に入ってもらって仕事をくれるようになった」って再三言っていた。心を開いてもらって懐に入るその感覚は、大衆演劇や大道芸で知らない土地を旅をするなかでつちかったんだろう。

さて、そんな旅に生きる青山さんは、最近、安住の地にたどり着いた。SNSで結婚の知らせが届いたのだ。当時の彼女に捨てないでと泣きついて東京に出ていったころを考えると、大躍進！　きっとこれも芸の肥やしにして、さらに旅を続けるのかな。

青山郁彦カレンダー。一月のことばは、「さあさあさあさあ俺を見て。生きるとは青山郁彦を完成させること」。

［先輩］No.12

切り似顔絵師
チャンキー松本［まつもと］

東京・西荻窪《にしおぎくぼ》のとあるマンションの一室で、ぼくは似顔絵を「切られて」いた。目の前には長髪をちょんまげに結ったファンキーな男性。その指はハサミを目まぐるしく動かし、白い紙を切りきざんでいる——この男こそが、希代の切り似顔絵師・チャンキー松本さんだ。五分もしないうちに、たれ目や経年劣化したオデコなど、ぼくの特徴をみごとに表現した「似顔絵」ができあがった。似てる！紙切りで似顔絵なんて、シンプルだけどおもしろいアイデアだよね！

パフォーマンスとしても見ごたえがあるし、おかげでテレビに出演したり、各地のイベントに呼ばれたり、かなり活躍のごようすだ。世の中にはほんとうにいろんな仕事がある。では、いったいいつからこの仕事をはじめたのか、教えてください！

KEYWORD

- 紙切り
- イラストレーター
- バンド活動
- 音頭
- お祭り
- 西荻窪
- クリエイター

ちっちゃなころから絵が好きで

生まれは香川の国分寺町で、ちっちゃいときから絵を描くのが好きやったんです。幼稚園のとき、先生の似顔絵を描いたら「似てる」ってクラスの子に囲まれた。それがいちばん古い記憶かな。マンガが好きやから絵の道に進もうと思って、入ったのが高松工芸高校デザイン科。でも、好きやった絵も勉強になるとイヤになって、どんどん成績が下がっちゃった。親父はバクチ好きなトラック運転手やったから、ふだんは放任なんすけど、母親につつかれて「勉強せえへんかったら、肉体労働か公務員か、ふたつにひとつやぞ」って説教した。冷静に考えりゃ、そんなわけないんですけど（笑）、将来に危機感を覚えて、なんとかしようと思ったんです。純粋でしょ（笑）。

三、四十年前の田舎町で、絵を描いて生きていくなんて考えられへんから、神戸の美術系専門学校に行かせてもらったんです。卒業後は大阪のゲーム会社に就職。絵やデザインの仕事ができるつもりで入ったのに、ゲームせんとあかんのですよ。あたりまえやけどね、ゲーム会社なんで（笑）。ぼくはゲームに興味なくて、むしろ苦手（笑）。それでやめちゃって、イラストレーターになりたくてデザイン会社にバイト派遣で入り、二十六、七歳くらいまで何社か渡りあるきましたね。雑

☆いぬちゃん
大阪生まれの挿絵師・絵本作家・イラストレーターの「いぬんこ」のこと。日本の大衆絵画にある滑稽と哀愁を現代の感覚で描く。NHK・Eテレ「シャキーン！」のイラスト担当。絵本に、『おかめ列車』シリーズ（好学社）、『古典と新作らくご絵本モモリン』（立川志の輔＝作、あかね書房）、など多数。

誌とかフリーペーパーの挿絵を描いて食いつないでたけど、なかなか芽も出ずに、どうしようかな〜って感じでした。

ふたりでイラストレーションの事務所を

そのころですね、いぬちゃんに出会ったのは。彼女はすでにイラストレーターとしてがんばってて、『テレビのツボ』っていう深夜番組のフリップ☆の絵を、火曜日担当で描いてたんです。夜中にテレビ局に行って、二、三時間で何十枚も描くんです。ぼくも色塗りで手伝いにいったり。で、まあ仲よくなりまして（笑）。大阪の谷町六丁目に古い民家をアトリエ兼住居として借りて、ふたりで同棲しながらイラストレーションの事務所「青空亭」をはじめたんです。

ぼくも土曜朝のニュース番組のイラストをやるようになりました。金曜の夜中にテレビ局に行って、放送作家☆さんからお話を聞いて、その場で描いて色も塗る。三、四時間でフリップを十枚くらい。それで一日五万円くらい、月に四回やると二十万円。レギュラー番組がひとつあると、生活がだいぶ安定しますよね。

その仕事のおかげで、絵を描くのが速くなりました。フリップは速さ重視なんで一日の仕事がすぐに終わるのはよかったですね（笑）。あとは裁判の法廷画☆とか、吉本（新喜劇）の仕事もけっこうやってました。『マンスリーよしもと』の表紙とか、

☆**フリップ**
フリップボードの略。テレビ番組で、出演者のコメントが理解しやすいように説明文や絵を書いて見せる板のこと。

☆**放送作家**
テレビ番組の企画を立て、放送台本を書く職業。放送台本には、どのタイミングでだれが何をするといった場面設定、出演者のセリフ、ナレーションなど、番組をつくるために必要なさまざまな情報が書かれる。

☆**法廷画**
報道で写真や映像がわりに使われる、法廷での被告人や弁護士のようすを描いたイラストのこと。日本では、裁判中の法廷の撮影が認められていないため。映画『ぐるりのこと』に、法廷画を描く主人公が登場する。

芸人さんの舞台のポスターとか。

いろんなことやってる人間

二十七、八歳のとき、「あんた、歌うん好きやし、音楽やってみー」っていぬちゃんが言うんで、ふたりで「青空太郎」っていうバンドをやりはじめたんです。で、いろんな人と対バンするなかで、いまMBSのらいよんチャンっていうキャラクターの声とか音楽をやってる、オカノアキラさんに出会った。それで意気投合して、三十三歳のときに、ふたりで「33」っていうコミックバンドを結成したんです。これが大阪でわりと評判になってねえ〜、ラジオ番組もったり、メディアに出さしてもらったり、いろんなイベントに出たりして。四十歳ぐらいまでは音楽づけ。四つくらいバンドかけもちしてました。ぼくは楽器弾けないんで、ぜんぶボーカルなんやけど（笑）。テレビの深夜番組やラジオに出たり、モダンチョキチョキズってバンドで、『ポンキッキーズ』の挿入歌「ピ ピカソ」の作詞をやらしてもらったりね。ふつうに絵を描いてただけではできない仕事をやりはじめた時期ですね。

そうやってメディアとかかわりをもつことで、イラストレーターとしても、テレビ・新聞・雑誌の仕事から、広告やポスターのイラストまで、仕事の幅が広が

「33」としてのチャンキーさん。右が相方のオカノアキラさん。セクシー衣装から、33歳のおなかがのぞく。

「33」のライブ中（!?）。

りましたね。三十代前半から中盤ぐらいの数年間は、収入もいちばんよかったです。広告の仕事はギャラがいいですからね。セコイヤチョコレートのCMのイラストを描いて何十万とか。

ぼくは絵描きの能力はそんなにないってどっかで思ってたから、「いろんなことやってる人間」として自分を売っていこうと考えてました。

植物を描きまくった暗黒時代

ところが、だんだん不景気になって、大阪の出版社もなくなって、仕事も減っていった。三十代半ばから専門学校で非常勤講師をはじめて、食べてはいけてたけど、三十代後半はイラストの仕事が減りましたね。

で、やっぱり絵描きとしてがんばろうと思って、「科学・芸術を通じて精神世界を研究する」っていう、ドイツの思想家、ルドルフ・シュタイナーの方法論にもとづいた修行をはじめたんです。相当、哲学的でスピリチュアルなんですけど(笑)、仕事が減って時間はあるから、三年くらい毎日、朝から走って体力づくりしながら、やみくもに植物を描いてたんですよ。ベランダの花から、そのへんの雑草まで。芸術やアートって、ある意味スピリチュアルで、無意識の世界から自分の何かを引っぱりだす作業やからね。まあ、死後の世界とかは、正直ようわからへん

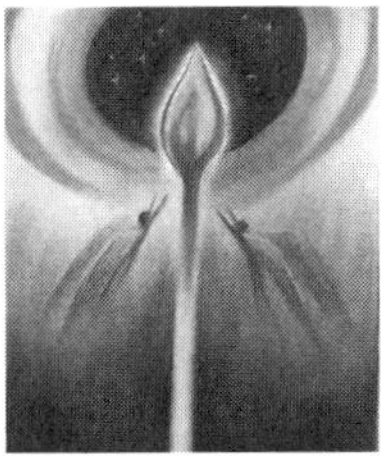

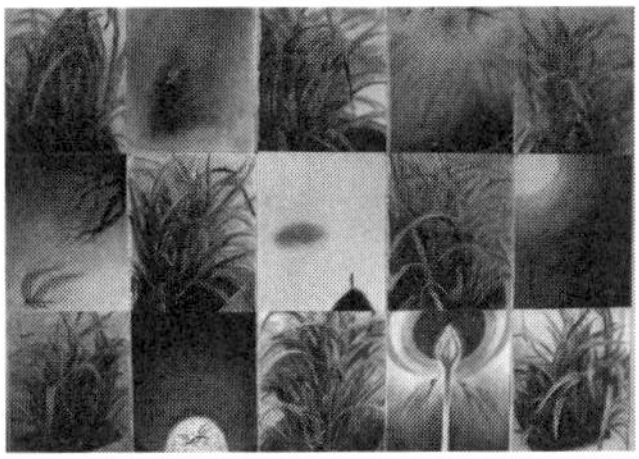

修行時代の植物画。壁一面に貼っていた。妖精のような存在も見える。

ねんけど（笑）。

　そんなふうに、ぼくが金にならない精神世界に入りこんでるあいだに（笑）、相方のいぬちゃんは、より仕事のある東京に活動を移行していっちゃった。ぼくは専門学校で働いてたからすぐには上京できず、何か月間かは別居生活をしてたんですよ。

いわばお祭りプロデューサーです

二〇一一年の震災後に、やっとぼくも東京の西荻窪に出てきたんです。そのとき四十四歳なんだけど、仕事もないし、知り合いもいない。ヤバいですよ（笑）。とりあえずこの町でだれかおもしろい人を見つけようと、いろいろ知り合ったなかに、のちに西荻窪の町を案内する「西荻案内所」の所長になる奥秋さんがいた。ひまやったからぼく、そこのスタッフになったんです。上京して一年くらいの関西弁のやつが、西荻の街を案内してるって……シュールでしょ（笑）。

　案内所にはおもしろい人たちが出入りしてて、おかげでいろんな人とつながりました。そこの活動の一環で、「西荻案内音頭」をつくったんです。ぼくが詞を書いて、西荻在住のミュージシャンが楽譜に起こしてくれて、「西荻ラバーズフェス」って祭りでみんなで歌ったり踊ったり。おもしろかったですよ。ぜんぜん金

西荻ラバーズフェスで、ミュージシャンたちと音頭を踊るチャンキーさん。（中央左側）

にならんけど（笑）。

音頭は、そのときにはじめてつくったんじゃないんですよ。最初は十年くらいまえ。滋賀県の伊吹山で、写真家のMOTOKOさんが企画した農家フェスがあったんです。当時はまだ農業って、汚いとか低賃金とか思われてるところがあったので、若い農業従事者のモチベーションアップが目的でした。ぼくははじめ司会とかでかかわってたけど、イベントを盛りあげるために歌がほしいと思って、音頭をつくったんですよ。それがぼくの音頭の第一号、「近江ええぞ節」です。

そこからぼくの音頭歌手人生がスタートして、新潟県の佐渡とか鳥取県の大山町とか、いろんな地域からお祭りに呼ばれるようになったんですよ。で、音頭をつくったら自然とそのほかも面倒みることになる。事前のイベントを企画したり、ポスターをデザインしたり、盆踊りのやぐらに装飾したり、舞台もつくって、全員で練習して完成度を上げて、お祭り当日は司会進行もやって、いっしょに歌って踊る。もう〝ぜんぶ盛り〟っすよ（笑）。

大山町には、毎年秋に開催される藝術祭《げいじゅつさい》（アーティスト・イン・レジデンス）に招待作家として呼ばれてます。その一環で、地元のアーティストたちと「大山ワワワ音頭」を制作しました。いっしょに生活してお祭りをつくってたら、地元の人とも気心が知れるし、暮らしにもなじんでくる。そこまでしないと、お祭りも盛り上

「大山ワワワ音頭」、いきますよ〜！

がりませんよね。お祭りを盛り上げることが、いまは仕事になってます。いわばお祭りプロデューサーです（笑）。

伝統的な祭りもあるけど、近年の祭りでは、地域の結束をつなげるために芸術やアートが使われてるんですね。外から来たアーティスト、つまりぼくみたいな妙ちきりんなやつが場をかきまわして、いままで疎遠だったものをつなげる役目を担う。なかでも音頭って、老若男女がいっしょに歌って踊れる、絶好のコミュニケーション・ツールなんです。

二〇一四年には「盆踊ろう会」が出した『盆おどる本』（青幻舎）のなかで、都会にやってきた若夫婦が、祭りを通じてコミュニティになじんでいくっていうマンガを描きました。「西荻案内音頭」をつくった経験が活きた物語ですね。『たがやせ！ どじょうおじさん』（あかね書房）っていうぼくの絵本も、テキストが音頭になってる。音頭を軸に、ぼくの仕事もいろいろつながってるんです。

イラストに音楽に、まさかのお祭りプロデューサー！ いろいろやりすぎてて、ぜんぜん切り絵が出てこんやないか！ そもそも「チャンキー」という名前も、ちゃんこ、つまりごちゃまぜという意味の造語らしい。名は体を表すっていうのはほんとうだな〜。でも、そろそろ切り絵の話も聞かせてほしいぞ！

『盆おどる本』。

『たがやせ！ どじょうおじさん』。YouTubeで、チャンキーさんが歌う音頭が聴ける。

切り絵はなんとなくできちゃった

三十五、六歳くらいのとき、ハサミに出会ったんですね。たまたま買ったハサミにいぬちゃんが、「これで私の似顔絵切ってみて♡」って言うからね、軽い気持ちでやったんですよ。そしたら、案外似てたんですよ（笑）。それでもう十七年以上続けてるけど、商売として成り立つようになったのは最近ですね。最初は勉強のつもりでひとり百円でやってたけど、お祭りやったらそれで一日、五千〜六千円になった。バンドでイベントに出ても千円しかギャラくれへんのに（笑）。最近は一枚千五百円で切ってます。一時間で七人切りゃ時給一万円くらいやし、五時間働きゃ一日のギャラとしては悪くない。商業施設内にある店の感謝祭やイベントに呼ばれて、広島やら山形やらと遠方に出かけたりもします。そういうときは交通費・宿泊費こみの日当でくれるので、旅行もできてありがたいです（笑）。

そうなるまでには、十年以上かかったんちゃうかな。実践で学んできた感じです。家やアトリエにこもって練習するのも大事やけど、ほんまに身につくのは土俵に立ったときですよ。芸人さんと同じで、生の現場できたえられるんです。

切り絵は毎回が勝負ですよ。だいたいのお客さんとは一期一会やから、その一回で納得してもらわなあかん。大阪のおばちゃんに切り似顔絵したら、「これ私？

この本の取材時、有北の似顔絵を切るようす。おしゃべりながら、五分足らずで切ってしまった。

似てへんわ！　もっとキレイに切ってみてや！」と言われて。で、似てへんけどキレイに切って渡すと、「こっちがエエわ」と喜んでくれました（笑）。

切り絵に出会ったとき、「これ、永久に作品がつくれるやん」って思ったんですよ。だって、その人の顔は世界に一個しかない。ほかの芸ではネタに限りがあるけど、似顔絵は人の数だけネタがある。体力や集中力が無限にあれば、ずっとやっていられます。そういう境地に達してて、いまはただ楽しいんです。ハサミを持つと手がかってに動く。病気なんすよ（笑）。マッサージに行ったら、「へんなところこってますね」って不思議がられるけどね（笑）。


やっと切り絵の話が聞けました！　しかし、切り絵をはじめたきっかけは、いぬんこさんのささいなひと言だったというのは驚きだ。独特のちょんまげヘアスタイルも、音頭につながる音楽活動も、いぬんこさんのススメではじめたっていうし、そのプロデュース能力はたいしたもの！　しかし、なによりすごいのは、思いつきや無茶ぶりを実現させてしまうチャンキーさんだ。植物の絵を三年間描きつづけてたのもすごいし、十年以上かけて完成させた紙切り似顔絵の芸は、もはやアートの領域だよね。

そんなふたりは、二十代からいっしょに事務所をやってて、二十九歳で結婚

切り似顔絵コレクションから。私は、だれ？

して夫婦になった。絵の仕事では共同作業も多いみたい。きっと苦労も多いはず！ 仕事もプライベートもいっしょで、ときにはケンカもするんじゃない？

職業は主夫です

あ～、ときには、っていうのは違いますね。だいたい、いっつもケンカしてますよ（笑）。そりゃあ、クリエイターふたりですからね。絵本の仕事の話が来たら、それを受けるか受けんかからモメます（笑）。打ち合わせはどっちが行く？ ぼくが下描きして見せたらここがあかん言われて、うっさいわーとか言いながらまた直す……。最初から最後までモメながらできあがってるわけです（笑）。共同作業っちゅうのはホンマたいへんです。

仕事の時間はまちまちですよ。朝、自宅を出て、西荻窪の駅前でお茶飲んで、十時くらいに仕事場に着いて、エンジンかかったら集中して。おなかがすいたら帰ってごはん食べよかってなるから、終わりは二十～二十一時くらい。作品をつくるときは時間を忘れてやってるし、逆に切り絵だったら五分で終わる（笑）。

休みの日もべつに決めてないっすねえ。適当に休みはとりますけど、結局いつも何かに取り組んでるんで、頭は休まらないでしょ。自営業やから、経理や事務

仕事もある。めんどくさいっすよね〜（笑）。メールや電話はいつだって来るし、スマホに来たメールへの返信も仕事っちゃ仕事ですからね。スマホを持ってる時点で、ほんとうの意味では休めてないんですよ。情報を意識的にシャットアウトして、自分の時間を守るのは大事ですよね。

でもまあ、平日に「今日は休み！」って自由に決めて、プラプラできるのはこういう生き方の特権ですね。土日にイベントが多いから、週末が稼《かせ》ぎどきです。地方の仕事が入ると、プチ旅行の感覚ですよ。新幹線のなかで二時間ぐらいゆっくりできるわーとか、仕事終わったら温泉入ろかーとか。

家事は基本的にはぼくの担当です。ぼくにぜんぜん仕事がない時期からやってて、いまでも九：一くらいの割合でぼくがやってますね。ごはんもつくるし、掃除も洗濯もするし……、あっ、なので、ぼくの職業は「主夫」っすかね？（笑）。

六畳一間あればいい

家計は、おたがいの収入を合わせてやりくりしてる感じですね。いぬちゃんはテレビCMの仕事もしてるし、Eテレの『シャキーン！』も毎日やってるから、収入は安定してます。それにくらべたら、ぼくは雀の涙っすよ（笑）。

二〇一八年は、NHKの『えいごであそぼ with Orton』で、二〜三分のアニメ

リラックスタイム。

旅先で描いたクロッキーから（次ページまで）。出会った風景が絵に切りとられる。

ーションをつくれたのはうれしかったですけどね（二〇一九年四月からは同じ番組で週一回の切り絵コーナーを担当）。絵本も数冊出させてもらったけど、初版三千部で印税が定価の一割って考えると、ン十万円くらい。だったら一か月くらいでつくらなあかんな～とかいう計算はしますね。

でもねえ、べつにそんな大金は求めてないんです。細かい金額のつみ重ねで生きてますよ（笑）。大金が手に入っても、ちょっといいとこに引っ越すくらいはあるかもしれんけど、必要なスペースはせいぜい六畳一間ぐらいでしょ（笑）。切り絵するのにそんな大きい場所いらんしねえ。

身近なものをおもしろがれ

若い人には、とりあえず手をつけてみーって思いますね。ぱっと手に持ったもの、たとえばこの湯のみで何しよか、とかね。クリエイターはとくにそうやね。鉛筆持ってもうたら、鉛筆でやる。竹持ってもうたら、竹にインクつけてやる。砂しかなかったら、砂で何かつくる。自分の人生で何に出会うかはわかんないでしょ。目の前にある、与えられたもので何かをやれる人じゃないと、遠くのものを拾いにいっても結局無理なんですよ。クリエイティブなことって、冒険家とはちょっと違う。手の届く範囲で何をするかってことをいつも考えてる。身近なものをおもしろいと思えないと、切り絵なんてずっとできないでしょ（笑）。

切り絵をやってるときって、川の流れをずっと眺めてるイメージなんです。切り絵のモデルは変わってゆく。川の流れも同じかたち、色はなく、一期一会。ぼくは動くことなく、変化を眺めている。わかんないか（笑）。そういう肌感覚をおもしろがれる人がクリエイトできるんじゃないっすかね。

川が流れてるのを見てるような感覚。ちょっとわかんないなあ〜！　いや、でも、これはわからなくて当然なんだよ。一日中だってそれをしていられるような、熱中できる感覚（「ステュディオス」って言われたりする）って、たいがいはその人その人にしかわからなくて、うまく言語化なんてできない。

そういう感覚に身をゆだねるのはすごく幸せなこと。それをしてるだけで幸せで、お金や人間関係なんて、まったく気にせずにいられるんだから。それを見つけて、世間で通用するレベルの生業に育ててあげるのは相当なつみ重ねが必要だけどね。チャンキーさんも、お気楽に生きてるように見えるけど、じつはそうじゃない。地道なトレーニングをつみ重ねる努力の人だ。

こんな人でも生きていける

あとは、愛嬌《あいきょう》のある人間になれってことかな。それに、クリエイティブな仕事をめざしてなくても、一芸をもつっていうのはコミュニケーションにおいてすごく大事とちゃうかな。芸って、愛嬌と密接にからんでますからね。どうやってもうけるかってアドバイスはぼくにはできないけど、芸と愛嬌をもってたら、まあまあ楽しい人生は送れますよ。ぼくは愛嬌のみで生きてきた人間ですからね（笑）。

切り絵のイベントに来てくれた子どもらに、感想聞いたりするんですわ。そしたら、「こんな人でも生きていけるんだなと思いました」とか、ありがたいおことばいただいたりしてねえ（笑）。ぼくみたいなもんでも、ちっちゃい子に勇気を与えてるんやなって思うと、生きててよかったなあって感じっすよね（笑）。

切り絵師・絵本作家・イラストレーター・音楽家・音頭歌手……、もう自分が何屋さんなのかわからないっすからね（笑）。こんだけいろいろやってたらじゅうぶんやろ〜、もう死んでもええんちゃうかな〜って（笑）。

じっさい、ぼくもいい年ですからね。最近は絵の仕事でもなんでも、棺桶に入れてもはずかしくないもんをつくろうって思って取り組んでます。結局、優先させるべきなのは、他人の評価より自分の評価なんです。だから〆切《しめきり》ギリギリまで粘ります。粘りすぎてたまに〆切遅れ……いやいや、遅れることはありません（笑）、ちゃんとやってますよ。仕事ください（笑）。

愛嬌と芸で生きてます。

取材を終え、西荻窪の飲み屋で編集の漆谷くんと一杯ひっかけていたら、仕事を終えたチャンキーさんといぬんこさんがふらっと現れた。会話に花を咲かせていると、チャンキーさんに電話がかかってきた。切ったあと、チャンキーさんはさっきまでと同じ口調で、いまお父さんが亡くなったんだと言った。少ししして、チャンキーさんのSNSをのぞいてみると、こんな投稿があった。

《通夜の終わりに親父の顔を描きました。皺《しわ》もない、肌艶《はだつや》もあるような、いまにも「コウゾウ、ここどこやー?」って起きだしそうなその顔。

翌日、告別式で母の似顔絵を描くと、ぼくの手が老いた母の顔から若き母の顔を引き出していました。

最後の父の顔と、若き母の顔。東京に帰る新幹線の窓に思い浮かべてみると、胸がつまりました。その絵はすべてぼくの自画像だったと気がついたのです。》

受けついだり、伝えたり、なんだかぼくたちの世界は、おかしなつながり方をしてる。紙切りのイベントで出会ったあの子が、ハサミに魅せられて、いつか、たとえば美容師になるかもしれない。結婚して、子どもなんかもできる。子どもが大きくなったら、「おまえ、遊んでばっかりいたら、就職できないぞ!

通夜で描いたお父さん。

イオンモールで紙切ってたちょんまげのおっさんみたいになるぞ!」なんて説教するかも。「……いや、でもあの人、楽しそうだったな。それもいいかも……」なんてね。

ファッションモデルとしても活躍中。ランウェイを飛び六方で駆けぬけるチャンキーさん。いったいどこへ向かうのか、これからも目が離せない。

ごあいさつ——おわりに

ぼくは進路指導講師という仕事を長いことやってきた。きみたちの学校で、進路指導やキャリア教育の時間に、話をする人がいるよね。あれをぼくは、短めのお芝居に仕立てて、おもしろおかしく伝えるという活動をしてきた。

その仕事にたずさわるなかで、高校でおこなわれる進路指導ではすくいとれない部分があると、ずっと感じていた。高校を卒業したら、進学しないといけない、就職しないといけない——残念ながら日本の多くの企業は、新卒者を好んで採用する傾向にあるし、道なき道を進むのはそれなりにしんどいものだから、心配性の大人たちは、きみたちにやいのやいの言ってきた。でも、生き方ってそれだけじゃないはずだ。

この本の編集者・漆谷くんはぼくの大阪外国語大学時代の後輩で、同じ演劇サークル所属。卒業後もつきあいがあり、ぼくがイタリア語の翻訳をしてるのを知ってたから、『13歳までにやっておくべき50の冒険』と『モテる大人になるための50の秘密指令』（ともにP・バッカラリオほか著）の二冊のイタリアの本を翻訳するときに、翻訳者として声をかけてくれた。その本の制作途中、とあるカフェで、ぼくが進路指導講師の仕事をしていて、いろんな人の仕事の話を聞くのが好きだという話になった。

ぼくのまわりには、楽しくて自由な生き方を実現しながら、生活に不自由のないお金を稼《かせ》いでる人たちがけっこういる――でも、あそこまでうまくいくの、うらやましすぎるやろ！　その秘《ひ》訣《けつ》、教えてほしいわ！　エキサイトするぼくに、漆谷くんはおおいに賛同してくれ、この本の構想が立ち上がったってわけだ。

　まずは、先輩たちに声をかけるところからはじまった。おたがいのもともとの知り合いや、知り合いの知り合いもふくめ、数珠つなぎにとってもカラフルな面々が出そろった。アポがとれたら、いよいよじっさいの取材だ。取材っていっても、ほとんど雑談に近い感じで、ざっくばらんに先輩にしゃべってもらった。

　ボイスレコーダーで録音したその会話を、まずは文字に書きおこして、そのあと執筆作業。先輩たちの人生はカラフルすぎて、とてもこの分量におさまらなかったので、おもしろいエピソードをたくさん割愛せざるをえなかったのは残念無念。第一稿が上がったら、チェックと書きなおしをくり返し、完成原稿に近づけていく。

　何度も夜行バスで東京に通っての取材は肉体的にハードだったし、編集者との本のイメージのすり合わせは精神的にハードだった。かたちのないものをかたちのあるものに仕立てるためには、かかわる人間の共通認識がなによりも大事だからね。でも、いろんな先輩に会えて、その生き方に触れることができたのは、貴重で楽しい経験だった。

　先輩たちが口をそろえて言ってたのは、やってみないとわからないってこと。もうすでに一〇〇％完成されてる人なんて、なかなかいないよね。そこで、人とかかわることが重要になる。人とかかわることでぼくらは成長できるし、相乗効果でおもしろいものも生まれる。自分ひとりで完璧をめざすより、五〇％の自分に、だれかにもらった五〇％を足して一〇〇％にするほうがよっぽどいい。そういう作業を地道にくり返してるうちに、自分のやりたいことや好きなことが見えてくる。

一冊の本は、不思議な縁でつながって、いろんな人がかかわってつくられる。幼少期のトラウマやお金のことまで語ってくれた先輩たちはもちろん、出版社や印刷所の人たち、いつもぼくの演劇公演のチラシをつくってくれていて、今回ブックデザインを担当してくれた小泉くん、そのほか多くの人たち。心からありがとうございます。この縁をおもしろいなって感じます。

あのとき、あそこにいなかったら。あの人とかかわってなかったら。ふと本屋で立ち読みした雑誌の記事や、だれかが言ったささいなひと言、それらすべてがぼくらを予想もしなかった場所に連れていってくれる。

おっと、そろそろ閉館時間だね。じゃあ、最後にひとつ、イタリアのバルゼッレッタ（小噺《こばなし》）を紹介しよう。

ひとりの男が、あるサーカス団に雇ってもらおうとやってきた。手には鋭いサーベルと、人が入れるほど大きなスーツケース。団長は期待して彼に尋ねた。

「きみは、どんな芸をもってるんだ？」

「ぼくの芸はとてもシンプルです。まずお客さんをひとり選びます。そして、このサーベルでぼくをめった切りにしてもらう」

「それで？」

「終わりです」

「えっ、それだけ？」。団長は不思議に思って尋ねた。

「じゃあ、そのでかいスーツケースには何が入ってるんだ？」

男は答えた。

「絆創膏《ばんそうこう》がいっぱい入ってます」


働くっていうのは生きるってことで、生きてれば傷つくことは避けられない。でも、死んでなければ、たいがいの傷は治るもんだ。

この本のなかには、先輩たちの生き方とそのことばがいっぱいつまってる。それが、きみたちにとって、少しでも絆創膏の役割を果たしてくれたらいいね。

今日は来てくれてありがとう。気をつけて帰ってね。そして願わくば、笑顔の絶えない人生を！

二〇一九年　五月五日

有北雅彦

【先輩】No.1

物語屋
中川哲雄

一九六五年、東京生まれ。依頼を受けて、だれかの人生を物語にして語ることを商売とする。もとバンドマンで図書館員。東京は小金井公園のそば、人と動物と妖怪が集う古い家で、日々だれかの話に耳を傾け、物語をつむぐ。小金井に暮らす人たちによる映画『お母さんに返しといて』(二〇一八年)の脚本・監督を担当。ことばに対するつきつめ方はもはや哲学の域。意外と照れ屋。

【先輩】No.2

珍スポトラベラー
金原みわ

一九八六年、兵庫生まれ。薬剤師という飯のタネをもちながら、珍スポットにハマった珍人類。全国の珍しい人・もの・場所を訪ね、その魅力を本やウェブ、イベントで伝えることをライフワークとする。昆虫やへんなものを味わう奇食ナイトほか、珍イベントも開催中。著書に『さいはて紀行』(シカク出版)、『日本昭和珍スポット大全』(辰巳出版)など。ストリップショーも好き(見るのが)。

【先輩】No.3

アドベンチャーランナー
北田雄夫

一九八四年、大阪生まれ。砂漠、南極、ジャングル、ヒマラヤ山脈……、過酷な自然環境のなか、熱中症・幻覚・凍傷・感染病などと戦いながら数百キロを走るアドベンチャーマラソンへの挑戦を商売とする。日本人初挑戦のレースがあると聞けば、地球の裏にでも駆けつける。二〇一七年、日本人ではじめて世界七大陸以上のレースを走破。テレビ番組「情熱大陸」にも出演。

【先輩】No.4

デストロイヤー
トミモトリエ

一九七六年、東京生まれ、大阪在住。企業や大学の固定観念を壊し、新たな価値を提案することを商売とする。株式会社人間社員。もとは洋服屋でブロガー。自分を生中継する「ダダ漏れ」ブログ、空き時間に便利屋として自分を貸し出すサービス「自分屋24」など、伝説的企画を多数手がける。休日には場末の酒場に入り浸るが、占いにくわしい女子な一面も。カレー大好き。

[先輩] No.5

ドローン写真家
小林哲朗

一九七八年、沖縄生まれ、兵庫育ち。工場・巨大建造物・地下空間を得意な被写体とし、ドローンで空撮したSF的写真で人気を集める。もと保育士。写真集に『夜の工場百景——ドローン空撮写真集』（一迅社）、『ドローン鳥瞰写真集——住宅街・団地・商店街』（玄光社）、『廃墟ディスカバリー』（アスペクト）など。自分の部屋には機材と段ボールが積みあがっていて寝るスペースがない。

[先輩] No.6

『石巻復興きずな新聞』編集長
岩元暁子

一九八三年、神奈川生まれ。東日本大震災で大きな被害を受けた宮城県石巻市の被災者向け仮設住宅に全戸手渡しされる無料情報紙『石巻復興きずな新聞』の編集長。もと外資系大企業社員。東京と石巻を往復し、昼は新聞づくり&配布に奔走し、夜はボランティアの宿泊所にもなる事務所で、優雅な押し入れライフを送る。くみとり便所の改善に余念がない。笑顔が素敵。

[先輩] No.7

映画監督
高橋慎一

一九六九年、東京生まれ、埼玉育ち。キューバのジャズ・ミュージシャンの衝撃的セッションに密着したドキュメンタリー映画『Cu-Bop』（二〇一五年）監督。もと日雇い労働者。フォトグラファー、ライターとしても活躍。日本のロックバンドTHE FOOLSを撮った新作の準備やライブイベントでキリキリ舞い。だれのふところにも入りこむ人間力はすさまじいが、トラブルも多々巻きおこす。

[先輩] No.8

素潜り漁師
中村隆行

一九七四年、埼玉生まれ、鳥取在住。酸素ボンベなしで日本海に潜り、アワビや岩ガキ、ワカメをとる。もと東京の飲食店のバーテンダー。酒浸りの生活のなか新宿歌舞伎町で倒れ、身ぐるみはがされる。三十以上の仕事を転々としたのち、鳥取県大山町に移住して漁師に。素潜りを極めながら地域おこしに奮闘中。とにかく体力が自慢。奥さんにほれた理由は「小学校の先生に似てたから」。

[先輩] No.9

京都みなみ会館館長
吉田由利香

一九八八年、京都生まれ。映画ファンの聖地ともいわれる老舗映画館の経営を手がける。映写兼受付スタッフとして働いたあと、入社二年目に二十四歳で館長に。マッチアップ劇場、覆面上映、手づくり4DX上映など話題企画を連発する。「ずっと終わらない文化祭をやってる感じです」とは本人談。施設老朽化で一時閉館したみなみ会館の再オープンに向けて挑戦の日々。

[先輩] No.10

和歌山市議会議員
山本忠相

一九七八年、大阪生まれ、和歌山市育ち。小学生ですでに政治家を志し、出身者が多いからと東大を受験するも失敗、衆議院議員・岩國哲人の事務所に押しかけて秘書として経験を積み、二〇〇七年、和歌山市議会議員選挙に出馬、当選。念願を果たす。二〇一九年四月の市議選にもみごと当選し、四期・一三年目に突入。わかりやすい子煩悩で、子育てしやすい街づくりに邁進《まいしん》中。

[先輩] No.11

フリー旅役者
青山郁彦

一九七五年、東京生まれ、兵庫育ち。大衆演劇ほかなんでもござれの俳優にして、殺陣師、大道芸人。高校在学中に役者を志し、アングラ演劇の戯曲を読みあさるなかで銀幕遊学◎レプリカントの舞台に魂を撃ちぬかれる。日光江戸村での忍者生活を経てパフォーマンスチームを立ち上げ、退団後フリーに。舞台・映像・路上で活躍中。大衆演劇で女形を演じるときはじつに色っぽい。

[先輩] No.12

切り似顔絵師
チャンキー松本

一九六七年、香川県生まれ、東京在住。ハサミで紙を切って似顔絵をつくる商売を表看板に掲げるも、イラストレーター、お祭りプロデューサー、音頭歌手ほか、マルチすぎる顔をもつ。切り絵をはじめたきっかけは、妻で挿絵師のいぬんこの思いつき。手がけた絵本に『まいごのビーチサンダル』（あかね書房）など。天をも貫くその声は多くの人を魅了し、まれに近所の人を怒鳴りこませる。

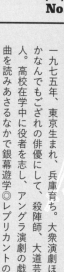

著者紹介

有北雅彦（ありきた・まさひこ）

作家・演出家・翻訳家・俳優。一九七八年、和歌山県生まれ。進路キュレーターとして、あらゆるターニングポイントを研究する。近畿・中国・四国の公立・私立高校に講師として招かれて進路をテーマにした寸劇を上演、その数はのべ八百〜九百回（校）にのぼる。イタリアの知られざる文化を紹介する「京都ドーナッツクラブ」に所属。訳書にP・バッカラリオほか『世界を変えるための50の小さな革命』『13歳までにやっておくべき50の冒険』（ともに太郎次郎社エディタス）など。大学在学中から続けるコメディーユニット「かのうとおっさん」では、その独特の世界観に満ちた舞台作品が、関西を中心に多くの中毒者を生んでいる。

あなたは何で食べてますか？
偶然を仕事にする方法

二〇一九年六月二十五日　初版発行
二〇二〇年十二月五日　第二刷発行

著者　有北雅彦
デザイン　小泉 俊（Awesome Balance）
発行所　株式会社太郎次郎社エディタス
東京都文京区本郷三—四—三—八階　〒一一三—〇〇三三
電話　〇三—三八一五—〇六〇五
FAX　〇三—三八一五—〇六九八
電子メール　tarojiro@tarojiro.co.jp
印刷・製本　シナノ書籍印刷
定価　カバーに表示してあります
ISBN978-4-8118-0835-2　C0036

有北雅彦の翻訳書

13歳までにやっておくべき50の冒険

P. バッカラリオ、T. ペルチヴァーレ著
佐藤初雄（国際自然大学校）日本版監修

宝探し、木のぼり、野生動物撮影、廃墟探検、おもちゃの分解、魔法薬の調合……。イタリアの人気児童文学作家がしかける遊び心満載のミッションをクリアして、冒険者への第一歩をふみ出そう！　自然のなかで冒険できる日本版「野外学校リスト」つき。

モテる大人になるための50の秘密指令

P. バッカラリオ、E. ハウレギ著

冒険好きのきみに、伝説のスパイから指令が届いた。親を観察、炊事に洗濯、家系図作成、デートの誘い、そして忍者……。どんなミッションも、華麗に、かつスマートに。口うるさい親たちにバレないように挑戦して、モテる大人の秘密を手に入れよう。

世界を変えるための50の小さな革命

P. バッカラリオ、F. タッディア著
上田壮一（Think the Earth）日本版監修

こんどの標的はSDGs？！　環境破壊、貧困、スマホ依存、ウソ、偏見……。このまちがった世の中にガマンがならない？　もしそう思ってるなら、文句を言ってるひまはない。行動するのはキミだ。同志とともに、世界をよりよく変える50の革命を起こせ！

各 四六変型判・192ページ・本体1600円＋税